重塑 AI 赋能 新社交

杨文渝 / 编著

清华大学出版社
北京

## 内 容 简 介

AI正为社交内容创作注入新活力，预示着内容领域即将迎来一场深刻的变革。本书采用通俗易懂的语言，旨在引领读者深入理解AI如何彻底改变我们传统的内容生产方式，并为大家提供实用的指南，以把握"AI社交内容"的新兴趋势，从而开拓更多新的机遇。

全书共9章。第1章将带你逐步了解AI是如何从视频、文字、图像和声音等多个维度重塑内容生产的，帮助你建立对AI基础概念及其应用的全面认识；第2章则深入探讨AI社交内容的定义及其在不同场景下的应用，同时剖析了由此产生的新商业机遇；第3章到第8章，我们将详细介绍AI社交内容创作的核心步骤：如何巧妙构思虚拟IP形象，利用语言模型挖掘热门话题，借助AI技术生成视频和内容素材，以及一系列AI视频制作工具的详尽介绍和使用窍门，此外，我们还会展示AI在标题和封面设计中的独特应用，以增强内容的吸引力和点击率；第9章通过生动的案例，揭示了品牌和个人是如何借助"AI社交内容"提升营销成果和扩大社交媒体影响力的。

无论你是内容创作者、品牌管理者、营销专家，还是对AI技术充满好奇的普通读者，本书都将为你提供宝贵的启示。对于内容创作者，本书深入解析了丰富的AI工具和技术，有助于提升创作的创新性、效率和影响力；对于品牌营销人员，可以从本书中学习如何巧妙运用AI社交内容，来增强品牌认知度和用户忠诚度；对于普通读者和AI爱好者，本书则将带你领略AI的无限潜力，并掌握运用AI社交内容的实用技巧。简而言之，本书将为每一位对AI社交内容感兴趣的读者，开启通往AI社交新世界的大门。

版权所有，侵权必究。举报：010-62782989，beiqinquan@tup.tsinghua.edu.cn。

### 图书在版编目（CIP）数据

重塑：AI赋能新社交 / 杨文渝编著. -- 北京：清华大学出版社，2025.3.
ISBN 978-7-302-68722-1

Ⅰ.C912.3-39

中国国家版本馆CIP数据核字第202574JJ14号

责任编辑：陈绿春
封面设计：潘国文
责任校对：胡伟民
责任印制：沈　露

出版发行：清华大学出版社
网　　址：https://www.tup.com.cn, https://www.wqxuetang.com
地　　址：北京清华大学学研大厦A座　邮　编：100084
社　总　机：010-83470000　邮　购：010-62786544
投稿与读者服务：010-62776969，c-service@tup.tsinghua.edu.cn
质　量　反　馈：010-62772015，zhiliang@tup.tsinghua.edu.cn
印 装 者：大厂回族自治县彩虹印刷有限公司
经　　销：全国新华书店
开　　本：188mm×260mm　印　张：12.5　字　数：315千字
版　　次：2025年5月第1版　印　次：2025年5月第1次印刷
定　　价：79.00元

产品编号：107602-01

# 前 言

如果你已经翻开这本书,并且正在阅读这段文字,那么我非常高兴能与你相遇。我是维尼(Winnie),网友们亲切地称我为Super Winnie。我不仅是AI科技领域的热衷者,还是一名科技博主,同时也在这个领域内创业。在这个广阔的世界中,人与人相遇的概率微乎其微,因此,我深感我们的相遇是一种难得的缘分。

为了让我们的这次"相遇"更有价值,我决定倾注全力写好这本书。我希望通过文字能够给你带来积极的启示,甚至可能改变你的命运或助力你的职业发展。无论你是否承认AI的影响、是否选择参与其中,AI的科技革命都已经到来。在未来的5~10年里,你会发现AI正在逐渐改变各行各业。

在这场变革中,有些人会乘风破浪,达到新的高度,而有些人则会奋起直追,为未来的挑战做好准备。如果你被这本书的标题所吸引,并且开始阅读这本书,那么我首先要恭喜你——恭喜你对自己的趋势敏感度、眼界以及好奇心和上进心的肯定。

在这个信息爆炸的时代,仅依靠勤奋已经不足以让我们成长。我们需要有预见性的方向和明确的领域来引导我们实现人生目标。而我想说的是,"你来对了地方"。AI将会改变内容的生产方式,尤其是社交网络上的内容。这背后蕴含着巨大的机遇,即使是那些对科技不敏感的人,只要能抓住这次机会,也能找到自己的价值。简而言之,这是一个值得我们去探索和发展的方向。

那么,为什么AI重塑内容方式会首先在社交网络上体现出来呢?为了解答这个问题,我们可以借助PEST模型(即政治、经济、社会和技术四个方面的分析,政治不在本书的讨论范围)来逐一探讨为什么AI在重塑内容方式时对社交网络内容的影响尤为显著。

## 经济

从经济的视角审视,社交媒体之所以成为人工智能(AI)内容变革的关键领域,核心原因在于其显著降低了内容创作的成本,同时大幅提升了广告的效率。企业家和经济体均敏锐地捕捉到了其中蕴含的巨大经济效益。借助AI生成内容,不仅成本得到节约,效率也得以提升,更

重塑：AI 赋能新社交

重要的是，它能够根据用户的个性化喜好精准定制广告，从而直击消费者的购买痛点。简而言之，利用AI在社交媒体上推广产品及信息，就如同磁铁吸引铁屑一般高效且精准，能够准确锁定目标受众，避免资源的无效浪费。

为了更具体地说明这一点，我们可以参考《福布斯》杂志在 *How AI Transforms Social Media*（AI如何改变社交网络）一文中的观点。文章指出，随着人工智能技术的迅猛发展，从平台运营者到内容创作者，AI正在全方位地重塑社交网络。无论是内容创作、用户互动，还是市场营销策略，都在经历一场前所未有的深刻变革。

### ❶ 自动化内容生成

社交媒体平台上的内容生成现已能够通过AI实现自动化，不仅大幅降低了人力成本，还显著提升了内容生产的效率。以BuzzFeed为例，他们采用了一款名为BuzzBot的工具，该工具能够在大型活动期间自动生成新闻报道并实时更新，再直接推送到社交媒体上。这种自动化流程使BuzzFeed能够迅速响应事件进展，同时节省了大量的编辑和记者资源。这一技术的应用不仅加快了内容发布的速度，更从经济角度提升了公司的竞争力，因为它有效地降低了人力成本。

由此可见，AI在内容创作领域的应用正变得愈发重要。通过利用诸如ChatGPT、Midjourney和DALL-E等先进工具，社交媒体平台现在能够生成具有高度吸引力和参与度的文本、图像以及视频内容。这些工具不仅提升了内容的质量，还通过精准地优化内容以满足用户的兴趣和偏好，从而提高了用户的互动参与度。例如，AI能够通过分析用户的互动数据来推荐更符合其兴趣的内容，进而提升点击率和用户留存率。

### ❷ 定向广告

AI技术已经显著提升了社交媒体广告的精准度，使广告商能够更精确地锁定潜在客户，从而提高广告转化率，并增强投资回报。以抖音的广告系统为例，它运用机器学习模型深入分析用户数据，涵盖用户兴趣、行为模式以及互动历史，进而优化广告投放策略，确保每位用户接触到的广告内容都既相关又具吸引力。这种高效的目标定位策略不仅提升了用户的体验质量，也为广告商带来了更为明显的广告效果。

这也从侧面反映出，AI技术在广告和市场营销领域的应用正持续深化。借助AI进行精准广告投放和内容推荐，可以大幅提升广告的转化效果和投资回报。我们不难发现，社交媒体平台正通过AI技术革新内容创作与广告优化流程，这不仅从经济层面推动了技术的应用与演进，同时也为企业带来了更高的盈利能力和市场竞争优势。这种技术的融合无疑标志着社交媒体领域的一次革命性进步，它不仅降低了运营成本，还提升了整体效率，成为企业获取经济利益的重要途径。展望未来，我们预计将有更多企业和经济体积极拥抱这一变革，共同开创AI与社交媒体融合的新篇章。

前 言

## 社会

在这个即时满足需求盛行的时代,用户对社交媒体内容提出了更高要求,他们渴望获得快速更新、新鲜有趣且个性化的内容体验。社交媒体不仅成为用户娱乐的场所,更是他们寻找生活灵感和精神慰藉的重要渠道。根据QusetMobile和Vogue Business截至2024年的数据,社交媒体平台的日活跃用户数(DAU)如下:

中国主要社交媒体平台:

- 抖音:这款App拥有极其活跃的用户群体,日活跃用户数约为7.55亿,展现出其在短视频领域的巨大吸引力。
- 微信:作为综合性社交App,微信的日活跃用户数量约为9.45亿,证明了其在社交领域的霸主地位。
- 小红书:小红书深受用户喜爱,特别是在年轻人中享有极高的人气,其月活跃用户数达到了约3亿,充分体现了其在社交电商领域的独特魅力。

美国主要社交媒体平台:

- Facebook:作为全球领先的社交媒体平台,其全球日活跃用户数已高达约21.1亿,充分彰显了Facebook在社交媒体领域的巨大影响力和覆盖范围。
- YouTube:YouTube的日活跃用户数约为1.22亿。此外,用户每天在YouTube上观看超过10亿小时的视频内容,这一数字不仅印证了YouTube作为社交平台的实力,更凸显了其作为主要视频内容来源的不可替代地位。
- TikTok:在美国市场,TikTok的月活跃用户数已达到约1.5亿,并且在年轻人群体中呈现出迅猛的增长势头,这无疑显示了TikTok在美国乃至全球范围内的受欢迎程度正持续攀升。

这些数字不仅凸显了社交媒体在我们日常生活中的重要地位,更证实了社交媒体已逐渐成为我们获取全球信息的主要途径。它极大地便利了内容的创造与信息的快速传播。除此之外,用户的高度参与也使社交媒体成为AI内容变革的理想切入点,这背后还有两个关键因素。

- 社交动态即时更新:社交媒体平台上的内容极度依赖于时效性。通过引入AI技术,可以显著加快内容的更新速度,确保用户能够迅速获取到最新的信息。此外,AI还能在浩瀚的信息海洋中快速识别和筛选出重要的内容,进而提升信息的传播效率,满足用户对即时性的追求。
- 内容个性化需求:随着用户对个性化内容的渴望不断增长,AI技术在此方面发挥着举足轻重的作用。通过深入分析用户的互动行为和消费习惯,AI能够精准推送与用户兴趣高度匹配的内容。例如，AI可以协助发现用户可能感兴趣的新视频、新闻或产品，并自动进行个性化推荐。这种智能化的服务不仅增强了用户的黏性，还大大提高了用户的活跃度，让社交媒体平台更加贴近用户的真实需求。

总之，社交媒体在当今社会的广泛普及，使其自然而然地成为AI技术推动内容创新和优化的前沿阵地。

## 技术

社交媒体上的内容表达方式丰富多样，可以根据各平台的独特性和用户偏好进行灵活调整。以下列举了几种主流的内容表达方式。

- 文本：作为最基础的表达手段，文本涵盖了状态更新、推文、评论和私信等多种形式。无论是轻松的日常分享还是深刻的观点阐述，文本内容都能有效传达信息。
- 图片：图片以其直观且富有冲击力的视觉呈现方式，成为社交媒体中不可或缺的元素。用户通过晒生活照、旅行美景、美食诱惑等图片，轻松吸引关注并激发互动。
- 视频：视频内容凭借信息量大、互动性强的特点，正逐渐占据社交媒体的主导地位。短视频、直播流、教学视频等多样化形式，满足了用户不同场景的观看需求。
- 音频：音频内容在社交媒体上同样占据一席之地，包括播客分享、音乐推荐、语音日记等。某些平台，如Clubhouse，更是以音频互动为特色，打造独特的社交体验。

此外，GIFs和表情包为社交媒体增添了趣味性和情感表达，成为轻松交流的得力助手；链接分享则便于用户快速传播有价值的信息，引发广泛讨论；互动内容如投票、问答、游戏和挑战等，则有效提升了用户的参与度和黏性。

接下来，我们以视频、图片、文本和音频为例，探讨技术革新如何助力社交媒体成为AI内容变革的重要切入点。随着技术的不断进步，社交媒体平台得以更加精准地分析用户行为，进而推送更加个性化的内容。同时，AI技术的引入也极大地丰富了内容创作的手段和可能性，为用户带来了更加丰富多彩的社交体验。

### ❶ AI创作图片

技术的发展不仅提高了图片创作的效率，还极大地拓展了图片的创造力。如今，我们已经拥有成熟的技术，能够自动修复图像中的损坏部分，并显著提升图像质量，如提高分辨率、改善光照效果以及进行色彩校正等。这些技术的运用，使那些旧照片或原本质量不佳的图片得以焕发新生。

# 前 言

更值得一提的是，AI现在还能根据给定的文字描述生成全新的图片。这种技术在艺术创作、广告设计、游戏开发等多个领域都得到了广泛应用，为创作者们提供了一个将想象力转化为可视化图像的强大工具。

目前，有几个模型在这一领域表现尤为出色。例如，OpenAI开发的DALL-E，这是一个高级的AI模型，它能够仅基于用户提供的文字描述，就生成出高质量且极具创意的图像；Artbreeder则采用了遗传算法，允许用户通过混合多个图像或调整特定特征来创作出全新的图像；而Stable Diffusion作为一个开源的图像生成模型，能够根据文本提示生成细节丰富的图像，其开放性和灵活性受到了广泛的关注。

### ❷ 语言模型提效文本生成

当前，诸如ChatGPT、Gemini等众多语言模型已被广泛应用于日常文本创作中，它们显著提升了我们处理文本的效率。同时，这些语言模型在语义分析、情感分析以及关键词提取方面也展现出强大的能力，从而有效增强内容的相关性和吸引力。以ChatGPT为例，它能够生成高度相关且吸引人的社交媒体帖子文本。我们将在后续章节中详细探讨这些应用，故此处不再赘述。

### ❸ AI生成视频

利用AI工具，我们可以实现视频内容的自动剪辑、色彩调整和内容优化。以Adobe Premiere Pro为例，该软件现已融入Adobe Sensei AI技术，能够智能调整视频色彩、裁剪画面，以确保作品完美适配各类社交媒体平台。此外，借助计算机视觉技术，如Google Video Intelligence API，我们能够准确识别视频中的物体、场景和活动，进而为视频内容打上标签，实现高效搜索。同时，市场上还有众多视频生成工具，如OpenAI的Sora和Runway等，它们均能为我们的视频创作带来极大便利。

### ❹ 声音合成

语音识别与生成技术已被AI广泛运用于社交媒体领域，实现了语音内容的快速转录与视频的自动配音功能。举例来说，通过IBM Watson的Speech to Text服务，我们能够迅速、准确地将语音内容转化为文字；而Amazon Polly则能巧妙地将文本转化为流畅自然的语音。更令人惊叹的是，先进的AI工具如Eleven Labs，已经能够克隆和生成声音，极大地拓宽了声音表达的边界。

在音乐创作领域，AI创作平台的崛起同样引人注目。这些平台能够根据文本提示一键生成音乐，经过精细调整，其品质甚至可以与专业音乐制作相提并论。

从图像、声音到文本和视频，AI工具和技术的融合运用显著提升了内容生产的效率，同时增强了内容的个性化特质和用户互动性，推动了社交媒体内容的持续创新与革命性变革。

重塑：AI赋能新社交

作为一名深耕社交内容领域近十年的从业者，我亲眼见证了AI如何从边缘技术逐渐演变为改变社交媒体格局的主导力量。尽管目前我们所见证的只是这场变革的冰山一角，但我深信，社交内容领域将是最先被AI引领并深刻改造的领域之一。

回顾历史，2014年Facebook收购一家专注于AI和机器学习的创业公司，这一事件标志着AI在社交媒体领域开始受到广泛关注。该举措不仅彰显了AI技术的商业价值，更预示着其在社交媒体领域的深远影响。自此，各大社交平台纷纷投入资源研发AI技术，以提升用户体验和优化广告投放策略。至2020年，AI技术已全面渗透至社交平台的各个环节，无论是内容推荐、虚假信息筛选，还是内容创作，AI均扮演着举足轻重的角色。

随着AI的普及，我们迎来了前所未有的内容创作机遇期。无论是内容创作者、职场人士还是学生群体，我们都应学会有效利用内容表达自我，并充分发挥AI技术的优势。在本书中，我将深入探讨AI社交内容如何为我们带来实实在在的利益，并分享如何巧妙利用AI社交内容把握新机遇、乘风破浪的策略与方法。千里之行，始于足下。让我们从细节操作入手，共同拥抱崭新的AI时代。

## 配套资源及技术支持

本书的配套资源请用微信扫描下面的配套资源二维码进行下载，如果在配套资源的下载过程中碰到问题，请联系陈老师（chenlch@tup.tsinghua.edu.cn）。如果有技术性问题，请用微信扫描下面的技术支持二维码，联系相关人员进行解决。

配套资源

技术支持

作者
2025年3月

# 重塑：AI 赋能新社交
## 读完各章你会收获

**第 1 章**

### AI 如何颠覆传统内容生产方式
*How AI Is Disrupting Traditional Content Production*

- 了解 AI 的定义
- AI 如何颠覆传统内容生产方式的过程

**第 2 章**

### 社交内容重塑背后的新机遇
*New Opportunities Behind The Reshaping Of Social Content*

- 在 AI 内容重塑的时代背景下探寻适合你的新机遇

**第 3 章**

### 如何利用 AI 生产社交内容
*How To Use AI To Produce Social Content*

- 普通人如何巧妙利用 AI 社交内容
- 打造 AI 社交内容的黄金五步法则

**第 4 章**

### 如何利用 AI 策划一个成功的账号
*Planning A Successful Account With AI*

- 提供"账号定位模型"模板与提示词
- 内容策划书模型
- 策划方案提示词模板

## 第 5 章
### 利用 AI 制作一个虚拟网红 IP
*Creating A Virtual Influencer IP With AI*

- 掌握创建个人虚拟网红形象的技巧
- 揭秘制作网红形象的灵感提示词

## 第 6 章
### 利用 AI 制作高爆文率的选题和内容
*Using AI To Generate High-Engagement Topics And Content*

- 掌握利用 AI 快速生成选题与内容的技巧
- 四大选题提示词模板助力内容创作
- 六大脚本模型轻松构建优质内容框架

## 第 7 章
### 如何利用 AI 快速生成视频
*How To Use AI To Create Videos*

- 生成小段视频
- 根据脚本生成视频

## 第 8 章
### 利用 AI 制作有情感的爆款标题和封面
*Use AI To Create Emotional And Viral Titles And Covers*

- 利用 AI 打造爆款标题与封面
- 五大吸睛标题制作提示词
- 十大技巧，用 AI 制作出爆款封面

## 第 9 章
### 如何用 AI 社交内容翻转游戏规则
*How To Use AI To Turn The Rules Of Social - Media Content Upside Down*

- 品牌如何借助 AI 社交内容实现更高效的营销投放策略
- 个体如何找准切入点，顺势而为
- 利用 AI 社交内容把握新机遇

# 目录

## 第1章 AI如何颠覆传统内容生产方式 ... 001

### 1.1 用白话讲明白什么是AI ... 001

### 1.2 AI具有哪些特性 ... 003

- 1.2.1 AI助力视频内容的生产 ... 003
- 1.2.2 AI生成视频工具总汇 ... 005
- 1.2.3 AI对文字的驾驭会超越人类 ... 006
- 1.2.4 语言模型及工具汇总 ... 009
- 1.2.5 AI生成有创意的图片已经融入我们的生活 ... 010
- 1.2.6 视觉大模型以及AI生图工具汇总 ... 013
- 1.2.7 AI对声音的作用 ... 014

## 第2章 社交内容重塑背后的新机遇 ... 018

### 2.1 AI 社交内容 ... 018

- 2.1.1 社交媒体的崛起 ... 018
- 2.1.2 AI算法推荐的威力 ... 021
- 2.1.3 AI社交内容的定义 ... 022

## 2.2 AI重塑内容背后的新机遇 .................................................... 026
### 2.2.1 内容创作与媒体行业 .................................................... 026
### 2.2.2 营销与广告行业 .................................................... 027
### 2.2.3 教育与培训行业 .................................................... 028

# 第3章 如何利用AI生产社交内容 .................................................... 030

## 3.1 用AI做自媒体/社交内容的黄金五步法 .................................................... 030
### 3.1.1 账号策划 .................................................... 030
### 3.1.2 账号定位 .................................................... 032
### 3.1.3 选题 .................................................... 033
### 3.1.4 内容制作 .................................................... 034
### 3.1.5 内容上传 .................................................... 036

## 3.2 AI社交内容的特点 .................................................... 037
### 3.2.1 更多创意与多样性 .................................................... 037
### 3.2.2 高效的内容生产与管理 .................................................... 038

# 第4章 如何利用AI策划一个成功的账号 .................................................... 041

## 4.1 利用AI做策划的三个步骤 .................................................... 041

## 4.2 自媒体账号定位模型 .................................................... 042
### 4.2.1 什么是账号定位模型 .................................................... 042
### 4.2.2 内容目标+赛道分析 .................................................... 044
### 4.2.3 受众兴趣 .................................................... 047
### 4.2.4 自身特点关键词 .................................................... 049
### 4.2.5 领域对标关键词 .................................................... 050

## 4.3 用AI做"人设"关键词定位 .................................................... 051
### 4.3.1 "人设"关键词定位的提示词模板 .................................................... 052

4.3.2 最终"人设"关键词展示 ................................................. 053

### 4.4 用AI结合关键词制作具体内容策划书 ................................................. 056
4.4.1 内容策划书模型 ................................................. 056
4.4.2 策划方案提示词模板 ................................................. 058
4.4.3 最终自媒体策划案展示 ................................................. 061

## 第5章 利用AI制作一个虚拟网红IP ................................................. 064

### 5.1 如何用AI设计一个虚拟网红形象 ................................................. 064
5.1.1 虚拟IP形象对未来的影响 ................................................. 064
5.1.2 虚拟IP形象提示词模板 ................................................. 065
5.1.3 生成AI形象的操作步骤 ................................................. 069
5.1.4 如何调整形象细节让结果更逼真 ................................................. 072
5.1.5 生成不同景别的形象 ................................................. 074

### 5.2 AI虚拟形象如何动起来 ................................................. 075
5.2.1 虚拟形象变视频的方法总结 ................................................. 075
5.2.2 技术对比 ................................................. 076
5.2.3 照片开口说话的操作步骤 ................................................. 077

### 5.3 如何用AI克隆虚拟形象的声音 ................................................. 080
5.3.1 选择平台自带的稳定音色 ................................................. 081
5.3.2 克隆单独声音导入生成 ................................................. 082
5.3.3 克隆你独一无二的声音 ................................................. 084

## 第6章 利用AI制作高爆文率的选题和内容 ................................................. 087

### 6.1 选题的重要性 ................................................. 087

### 6.2 如何用AI做选题 ................................................. 088
6.2.1 大语言模型是天生的语言词组计算器 ................................................. 089

- 6.2.2 "AI关键词组建"选题法 ................................................. 090
- 6.2.3 品牌/自身关键词 ......................................................... 092
- 6.2.4 平台趋势关键词 ......................................................... 094
- 6.2.5 对标/竞品关键词 ......................................................... 095
- 6.2.6 需求关键词 ................................................................. 096
- 6.2.7 四大选题提示词模板 .................................................. 097
- 6.2.8 关键词组建方法实操演示 .......................................... 100

## 6.3 用AI生成脚本以及实用六大脚本模型 ..................... 105

- 6.3.1 短视频脚本和影视制作脚本 ...................................... 105
- 6.3.2 HERO提示词模板 ....................................................... 108
- 6.3.3 带货提示词模板 ......................................................... 110
- 6.3.4 故事叙述法模板 ......................................................... 111
- 6.3.5 问题解决法模板 ......................................................... 112
- 6.3.6 倒叙法模板 ................................................................. 113
- 6.3.7 情感驱动法模板 ......................................................... 114
- 6.3.8 手把手用ChatGPT写脚本操作 .................................. 116

# 第7章 如何利用AI快速生成视频 ..................... 119

## 7.1 生成小段视频(精准画面) ........................................ 121

- 7.1.1 文生视频操作方法 ..................................................... 121
- 7.1.2 图生视频操作方法 ..................................................... 124

## 7.2 根据脚本生成长视频 ................................................... 128

- 7.2.1 为脚本配置素材 ......................................................... 128
- 7.2.2 生成长视频AI工具解析 ............................................. 129
- 7.2.3 提示词模板 ................................................................. 130
- 7.2.4 生成长视频演示操作 ................................................. 132

# 第8章 利用AI制作有情感的爆款标题和封面 ............................ 136

## 8.1 如何用AI制作爆款标题 ............................ 137
### 8.1.1 "爆款标题AI五步优化法"介绍 ............................ 138
### 8.1.2 五大常用标题模型——故事开头 ............................ 149
### 8.1.3 前后对比 ............................ 151
### 8.1.4 引发共鸣 ............................ 153
### 8.1.5 构建未来场景 ............................ 155
### 8.1.6 反常识 ............................ 157

## 8.2 如何用AI制作爆款视频封面 ............................ 159
### 8.2.1 爆款封面具备的条件 ............................ 159
### 8.2.2 十大成就爆款封面的技巧 ............................ 162
### 8.2.3 用AI生成视频封面 ............................ 168

# 第9章 如何用AI社交内容翻转游戏规则 ............................ 173

## 9.1 20年后的社交媒体展望 ............................ 173

## 9.2 品牌如何利用AI社交内容做更有效的营销投放 ............................ 174
### 9.2.1 品牌利用AI社交内容的切入点有哪些 ............................ 174
### 9.2.2 案例解析 ............................ 176
### 9.2.3 社交营销大模型 ............................ 177

## 9.3 个人如何利用AI自媒体增加自己的影响力 ............................ 179
### 9.3.1 AI社交内容助力个体发展的三个因素 ............................ 180
### 9.3.2 个人利用AI自媒体的切入点有哪些 ............................ 180

# 后记 ............................ 183

# 第 1 章
# AI 如何颠覆传统内容生产方式

## 1.1 用白话讲明白什么是 AI

人工智能（Artificial Intelligence, AI），这一通过机器学习模拟人类思考过程的技术，我们可以用一个生动的比喻来帮助大家更好地理解。想象一下，AI最初就像一群懵懂无知的小孩，被送进学校接受各种学习与训练。他们通过汲取他人的经验，逐渐形成了自己的思维方式。而在这个过程中，表现优异、能给出正确答案的"小孩"，便是我们所说的人工智能。

在这个比喻中，拥有算法的机器就如同那些即将踏入校门的小孩，学校提供的信息则是他们需要消化和吸收的数据。通过对这些数据的学习，机器逐渐获得了类似小孩的思维方式，即算法和公式。但值得注意的是，机器并不像人类那样能够直观地识别物体。例如，我们看到一棵树或一只狗，便能立刻认出它们。然而，对于机器来说，这却是一项挑战。为了解决这个问题，我们将树标记为666，将狗标记为669，这样机器就能通过数字来识别它们。当询问机器为何狗喜欢在树下撒尿时，它会迅速检索与666和669相关的标签，通过排列组合、分析筛选给出一系列数字。这些数字再对应回标签，便构成了我们的答案。这个过程便是人工智能从"一无所知"到"学有所成"的转变，也是它变得"聪明"的秘诀。

简而言之，AI是一种技术，它通过不断学习和应用所学知识来模拟人类的思维和创造力。它能够帮助我们解决生活、工作和学习中的各种问题，理解语言并给出决策建议。

而当下备受瞩目的生成式AI（Generative AI），则是人工智能技术中的一个重要分支。其核心功能在于根据输入的数据自动生成新的内容，这些内容包括文字、图像、音乐、视频等多种形式。生成式AI系统通常基于深度学习模型，如生成对抗网络（GANs）和变分自编码器（VAEs）等结构。通过学习大量数据样本，它们掌握了如何创造出符合特定分布的新数据，从而生成用户所需的内容。这种技术的关键在于其不仅能够分析和处理数据，更能创造出全新、未曾存在的数据实例。这使得生成式AI在内容创作、辅助设计、仿真模拟等领域展现出了广阔的应用前景。例如，我们可以利用GPT文本生成模型创作诗歌和新闻文章，或者使用Stable Diffusion图像生成模型创造独特的艺术作品和视频等。

此外，在更专业的层面上，人工智能还涉及多个关键的技术和方法。为了帮助大家更好地理解这些技术的关系，我们提供了一张图片（如下页上图所示），其概括了人工智能各个分支的所属关系。

在这里，我们可以清晰地看到人工智能（Artificial Intelligence, AI）、机器学习（Machine Learning, ML）和深度学习（Deep Learning, DL）这几个重要分支。AI是一个广泛的领域，它包含了ML，而ML又进一步包含了DL。这些分支在各自领域内发挥着重要作用，共同推动着AI技术的不断发展与应用。

- 机器学习是人工智能的核心分支之一，它涉及开发算法和统计模型，使计算机系统能够从数据中汲取知识，并据此做出决策或进行预测。其应用广泛且深入，例如，我们日常使用的语音识别系统便以机器学习为基础，使智能手机和智能扬声器等设备能够准确理解和响应用户的语音指令。此外，机器学习还在聊天机器人和其他自然语言处理应用中发挥着重要作用，如让机器人学习人类的情感表达和语言翻译等技能。

- 深度学习则是机器学习的一个重要子领域，它基于人工神经网络的架构，尤其是那些包含多层（深层）处理层的网络，这些网络被称为"深度神经网络"。深度学习的核心理念是模仿人类大脑的工作方式，通过多层处理单元（即神经元）自动学习数据的高层次特征。在处理高度复杂和庞大的数据集时，深度学习表现出色。例如，它可以帮助计算机识别和理解图片中的内容，如识别照片中的人脸或自动为图片打上标签。此外，深度学习技术还在自动驾驶汽车的开发中发挥着关键作用，帮助汽车感知周围环境并做出合理的驾驶动作。值得一提的是，曾击败人类象棋高手的AlphaGo也运用了深度学习技术。

在上图中，我们还可以观察到人工智能（AI）涉及的几个具体技术领域，包括自然语言处理（NLP）、视觉（Vision）以及文本到语音（Txt2SP）。这些技术领域构成了AI的重要组成部分，不过在此我们仅对其进行简要介绍，不作深入探讨。

- 自然语言处理（NLP）是AI中专注于语言处理的部分，它涵盖了理解、解析以及生成人类语言的各种技术。通过NLP，计算机能够胜任诸如翻译、情感分析以及语言生成等复杂任务。

- 视觉（Vision）领域在AI中占据重要地位，它主要处理视觉数据，如图像和视频的分析。该领域涵盖了对象检测、面部识别、图像分类等技术，这些技术的实现均依赖于先进的AI模型。
- 文本到语音（Txt2SP）技术则负责将文字信息转换为语音输出，它在读屏、虚拟助手等应用中发挥着重要作用。这一技术结合了NLP和语音技术的精华，使机器具备了"说话"的能力。
- 运动（Motion），尽管其具体指向可能因上下文而异，但在AI的语境中，它通常与动作识别或机器人运动控制相关。这可能涉及分析和理解视频中的运动，或者用于指导机器人的动作执行。

这些技术领域共同彰显了AI的多功能性与跨领域集成能力。AI不仅局限于处理单一的文本或图像，更能将这些能力融会贯通，以应对更为复杂的多模态任务。例如，交互式机器人或智能助手等系统，就需要同时理解语言、视觉信息和声音。AI的各个分支领域相互依存、相互促进，共同推动了技术的不断革新与新应用的蓬勃发展。而监督学习（Supervised Learning，SUP）和无监督学习（Unsupervised Learning，UNSUP）则是深度学习中的具体技术领域，它们为AI的发展提供了强有力的技术支持。

- 监督学习：是机器学习的一种方法，它利用已标记的训练数据来训练模型，使其能够预测未知数据的输出。
- 非监督学习：与监督学习相对，它涉及模型处理未标记的数据，目的是揭示数据中的潜在结构和关联。在非监督学习中，模型自主探索数据，寻找其中的模式和规律。

这些概念在日常生活中并不常见，但提及它们是为了帮助大家更深入地了解AI。总之，我们应认识到，无论背后的技术如何复杂，科技的发展始终是为了给我们创造价值。我们应当善用科技带来的红利，让其切实地帮助我们解决实际问题。在掌握了AI的基本概念后，我们现在可以进一步探索它所具备的特性，以及这些特性是如何重新塑造社交媒体内容的。

## 1.2 AI具有哪些特性

在前言中，我们简要概述了社交媒体之所以成为内容生产方式变革的切入点，主要归功于其多样化的表达方式，包括视频、文字、图片、声音和GIFs等。接下来，我们将从4个具体方面深入探讨生成式AI如何助力视频、文字、图片和声音的发展，并介绍目前在该领域广受欢迎的工具和技术。

### 1.2.1 AI助力视频内容的生产

当今，视频已成为我们日常生活中获取信息的重要途径。其直观的表达方式省去了大脑在阅读文字时的构图过程，直接提供视觉化信息以供理解。随着视频在内容表达中的占比不断提高，更多的技术将被投入视频生成与制作领域，以提升内容的生产质量和效率。内容的制作与编辑也越来越依赖于先进技术，尤其是AI。目前，市场上已有众多工具提供智能剪辑和智能生成视频的技术。接下来，我们将深入探讨AI在视频生成中的基本原理、技术方法、应用场景以及面临的技术挑战，并结合实际的AI工具和技术案例进行详细介绍。

在介绍AI生成视频的基本原理之前，让我们先想象几个AI生成视频的重要应用场景。例如，在Marvel电影中，工作人员无须再搭建昂贵且耗时的实景舞台，而是可以直接利用AI工具生成场景和特效。这种方式不仅环保、节省预算，还能大幅减少时间成本。再如，在教育和培训行业，AI可以助力"老师"更专业地掌握更多相关知识，并能针对学生的问题提供个性化回答。这些"老师"可以耐心地同时回答多人的问题，甚至能现场生成回复视频，供学生反复播放以深入理解内容。这其实是个性化教育的一个缩影，毕竟，哪位学生不喜欢能一对一解答自己任何问题的"老师"呢？从社交媒体内容的角度来看，想象一下，你的社交平台视频可以变得极具创意和想象力，而背后仅需要向AI工具输入一段文字，这样的体验你是否愿意尝试呢？这些都是我们已经可以预见的应用场景。在未来，AI助力视频内容的技术将成为应用最广泛的技术之一。因此，学习和掌握这项技术不仅对内容创作者来说至关重要，对每个人来说都具有重要意义。

根据笔者个人的创作经验，目前AI在助力视频内容领域主要体现在以下几个方面：AI生成视频内容、AI辅助视频编辑、AI生成视频中的人物或素材，以及一些运用深度学习的3D技术、动画建模技术和换脸技术等。AI生成视频的基本原理主要依赖于机器学习模型，尤其是深度学习技术，以理解和生成视频内容。其中，核心技术包括生成对抗网络（GANs）和自动编码器（Autoencoders）。这些技术为视频内容的创作带来了前所未有的便利和创新。

- 生成对抗网络：是一种由生成器和判别器两部分构成的模型。生成器负责生成内容，而判别器则负责评估这些内容的真实性。例如，NVIDIA的GAN技术已被成功应用于生成高分辨率的视频片段。
- 自动编码器：主要用于数据的压缩与解压缩，通过学习输入数据的压缩表示来辅助视频编辑与生成。这种技术在帮助模型理解大量视频素材以及生成内容方面发挥着重要作用。

我们用通俗的比喻来解释一下生成对抗网络和自动编码器。可以把生成对抗网络想象成是一场画画比赛，其中有一个机器人负责创作画作（生成器），而另一个机器人则充当严苛的评委（判别器）。生成器竭尽所能地创作，而判别器则对作品进行评判，看其是否足够真实。这种竞赛式的交互最终产生了满足人们期望的逼真视频。而自动编码器则好比一个超级压缩专家，它能够将视频压缩成更小的文件，并且还能完美地将其恢复原状。这也是为什么我们说自动编码器在帮助模型理解大量视频素材以及内容生成上扮演着重要角色的原因。

AI视频生成的技术方法大致可分为基于模型的生成和基于规则的增强两大类。基于模型的视频生成是通过训练数据，使AI模型学会如何从零开始创造视频内容。例如，DeepFake技术利用深度学习模型，可以将一个人的面部特征逼真地映射到另一个人的视频中。OpenAI的Sora（在笔者撰写此书时，Sora还未公开使用）能够根据输入的文字生产出高质量的视频。而Pika、

Runway等工具则可以根据用户的描述，生成2~4秒的超短视频。

接下来，我们谈谈视频编辑和增强。AI不仅能生成视频，还能对现有视频进行编辑和提升，比如改善画质、调整光照，甚至重新构建场景。Adobe的Sensei和Topaz Labs就是两个可以通过AI提升视频质量的例子。此外，Descript、剪映等应用程序提供了许多智能视频剪辑功能，而OpusClip则能将长视频裁剪成短视频，这些都是AI在提升视频编辑效率和质量方面的实例。

更深入地讲，AI还能生成特定的场景和人物来组成视频。例如，Wonder Dynamics利用深度学习3D技术，可以让任何人化身为卡通形象，只需将动画人物拉到视频中即可实现替换。同时，像Hey Gen、Synthesia这样的平台可以生成虚拟的数字人形象，作为视频的一部分，甚至能够生成与真人1:1比例的素材。包括细节场景，都可以通过AI学习来生成。比如，Blockade Lab可以根据你的描述一键生成3D世界，而Veed则可以通过搜索和生成文字描述的素材内容，然后将其组合起来生成视频。

### 1.2.2 AI生成视频工具总汇

基于我们刚才所讨论的AI在视频内容生产中的助力，笔者将所提及的工具整理并融入表1-1中，以便大家更方便地提取和参考。

表1-1 AI生成视频工具总汇

| 工具类型 | 名称 | 标志 | 功能 |
| --- | --- | --- | --- |
| AI生成视频 | Sora |  | 用文字生成高质量视频 |
|  | Pika |  | 用文字生成高质量视频 |
|  | pictoryAI |  | 可以把文字、文章、网站的链接转成视频 |
|  | Runway |  | 拥有30多个生成视频的小工具，可以根据素材选择需要使用的工具 |
| AI辅助编辑视频 | Descript |  | AI视频编辑 |
|  | 剪映 |  | AI视频编辑 |
|  | Topaz labs |  | 可以提升视频的画质质量，移除背景噪点 |
|  | OpusClip |  | 将长视频裁剪为短视频片段，凸显核心内容。上传长视频时，将利用先进的语气识别技术捕捉亮点，并巧妙添加吸引人的花字注解 |
| AI生成视频中的人物或场景等 | Blockade lab |  | 根据描述一键生成3D世界 |
|  | Synthesia |  | 作为最早推出的AI数字人工具，具备将一句话迅速转化为视频的强大功能。同时，它还提供了丰富的公用数字人选择 |
|  | Hey Gen |  | 能够生成精准的数字人，还可以选择使用公用数字人制作视频。它还支持多国语言翻译功能，助你打破语言障碍 |

续表

| 工具类型 | 名称 | 标志 | 功能 |
|---|---|---|---|
| AI生成视频中的人物或场景等 | Wonder Dynamics | | 通过人物素材转化为任何卡通形象 |
| | Leia Pix | Leia Pix | 将照片生成2D照片或者3D动画 |
| | DID | D-ID | 除了提供众多公用数字人，还能根据提供的图片，生成独一无二的专属数字人 |
| | Veed | VEED | 搜索并生成文字描述的素材内容，然后将其巧妙组装，一键生成精彩视频 |

尽管AI在视频生成领域展现出巨大的潜力，但它也面临着一些技术和伦理方面的挑战。其中，质量控制是一个持续存在的问题，因为无法保证所生成的视频质量始终符合专业标准。此外，资源消耗也是一个不可忽视的问题，高质量视频的生成往往需要大量的计算资源，这可能限制了其在预算有限的情况下的应用。同时，隐私和安全问题也备受关注，特别是像DeepFake这样的技术，可能被用于制作具有误导性的内容，这不仅引发了广泛的争议，还可能带来道德和法律上的纠纷。总的来说，虽然AI在视频生成领域的应用充分展示了其强大的能力和潜力，但同时也提醒我们在追求创新的过程中必须保持谨慎。

### 1.2.3 AI对文字的驾驭会超越人类

数据表明，截至2023年5月4日，ChatGPT已拥有约1.805亿用户。而在2024年2月，OpenAI的网站访问量更是高达16.3亿次。据OpenAI的首席执行官萨姆·奥尔特曼透露，每周使用ChatGPT的用户数量约为1亿。显然，语言模型已深入我们的日常生活，并得到了广泛应用。笔者和笔者的同事们都是语言模型的忠实用户，甚至有同事夸张地说："我每天早上工作的第一件事就是打开ChatGPT。"确实，语言模型已成为我们职场生活的重要组成部分，并且随着其带来的便利和效率提升，将有更多人依赖使用它。

笔者曾在一则视频中提及，语言模型就像是一个语言词组的计算器，其存储容量巨大，表达方式多样，能够接收任意词组并预测结果。这正是AI在文字处理上超越人类的关键所在。如今，语言模型已在各种场景中发挥实际作用，例如被广泛应用于日常翻译。许多视频转译工具，能实现从一种语言到另一种语言的转换，其背后都是依赖于语言模型。简单来说，这些工具首先抓取视频中的文字内容，然后利用语言模型将其转换成另一种语言，再与视频人物相结合。除了翻译，我们在日常生活中还经常遇到利用语言模型生成文字的场景。

- 新闻生成：借助语言模型，如OpenAI的ChatGPT，我们能根据有限的信息输入，快速撰写出相应的新闻文章，极大地提升了新闻报道的效率和准确性。
- 社交媒体文本创建：利用LSTM或Transformer等先进模型，我们可以轻松生成吸引眼球的社交媒体帖子，从而减轻内容创作者的工作负担。
- 法律咨询：语言模型在法律领域也大放异彩，它们不仅可以协助审阅合同、识别潜在风险，还能起草法律文件，如合同初稿、法律信函等，并为用户提供法律咨询，帮助他们理解复杂的法律条文。
- 旅游规划与建议：基于用户的个人兴趣和预算，语言模型能够智能生成个性化的旅游计划，包括目的地推荐、行程安排和预算管理，让每一次旅行都更加贴心和难忘。
- 健康咨询与管理：通过分析用户的健康数据，语言模型能够提供个性化的饮食计划、锻炼建议等健康指导，甚至可以根据症状给出初步的诊断意见，助力用户更好地管理自己的健康。
- 财务管理与建议：人们可以利用语言模型来解决实际的财务问题。它能提供各种规划方案的分析和建议，还能深入剖析财务数据和报告，帮助我们做出更加明智的财务决策。
- 客户服务：在自动回复客户咨询方面，AI发挥着举足轻重的作用。利用Seq2Seq等模型，可以自动生成客服邮件和聊天回复，大大提升客户服务的效率和质量。
- 教育和学术：语言模型在教育领域也展现出了巨大的潜力。它们可以辅助生成教育材料和学术论文草稿，帮助学术研究者更好地概括和生成研究内容，推动学术进步。
- 创意写作和艺术创作：对于艺术家和作家而言，AI无疑是一个强大的创作伙伴。它能够生成富有创意的诗歌、故事和音乐等内容，或者为创作者提供源源不断的灵感。
- 个人助理与日程管理：借助AI模型，可以实现日程的自动编排和提醒功能。根据用户的偏好和历史活动，系统能够智能生成日程安排，并自动回复会议邀请，让个人生活和工作更加有条不紊。
- 菜谱生成与烹饪建议：这是一个极富趣味性的应用场景。比如，当你手头上只有一根黄瓜和两个鸡蛋时，你可以询问语言模型如何利用这些有限的食材制作美食。它会迅速给出菜谱建议，包括烹饪步骤和技巧，让你的厨艺大增。

我们来通过一个例子，详细解释语言模型是如何生成文本的。

我们可以将语言模型比作一位厨师，而文本生成的过程则类似烹饪一道佳肴。首先，这位厨师拥有一个庞大的食材库（即训练数据），其中涵盖了各式各样的食材与调味料，这些就好比文字、句子和段落等语言元素。

- 确定菜谱（输入指令）：当你向厨师表明你的口味偏好，比如想要品尝一道甜品或者辣椒炒肉时，这就相当于给语言模型提供了一个提示或任务。模型会依据这个输入来决定如何组合其"食材"，即语言元素。
- 挑选合适的食材（选择词汇）：接下来，厨师会根据菜谱精心挑选合适的食材。同样的，语言模型也会在这个阶段挑选恰当的词汇和语句结构，以回应输入的指令。
- 烹饪过程（生成文本）：厨师随即按照菜谱的步骤开始烹饪，期间可能会依据个人经验调整火候或添加一些调料。对于语言模型而言，它则依据训练过程中学到的模式和结构，逐步生成连贯的文本，就像厨师一步步完成菜肴的制作。
- 品尝调整（优化输出）：在菜肴即将完成之际，厨师会进行试味，并根据需要作出调整。

类似地，语言模型在生成文本后，也会通过算法进行调优，以确保文本的流畅性和逻辑性，这就像是厨师对菜肴味道的最后调整。

至此，我们通过烹饪的类比，详细阐述了语言模型输出文本的全过程。为了更直观地理解，下面附上一张Transformer模型的工作流程图。

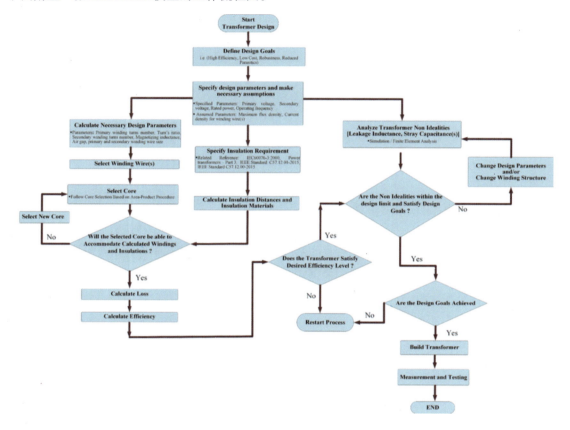

我们无须深入了解Transformer（GPT）的复杂工作流程，关键在于如何有效运用它。语言模型的应用对大家来说已不再陌生，因此，笔者将重点分享和对比几种常见的语言模型及其技术方法，以帮助大家更好地理解AI如何助力文本生成。

在AI生成文本的过程中，主要依赖以下模型和技术。

- 生成预训练Transformer（GPT）：GPT是基于Transformer架构的模型，通过海量文本数据预训练，能够生成连贯且逻辑严谨的文本。
- 序列到序列（Seq2Seq）模型：该模型常用于机器翻译，通过输入序列生成目标序列，同样适用于任何需要将文本从一种形式转换为另一种形式的任务。
- 变分自编码器（VAE）：VAE能生成新颖的文本实例，它通过编码和解码过程学习文本数据的潜在特征。

此外，文本生成技术还涉及以下核心技术。

- Beam Search：在文本生成时，Beam Search算法会在每一步选择概率最高的几个选项，从而确保生成的文本在整体上更加连贯。
- Top-k Sampling：这种方法在文本生成过程中随机选择概率最高的1000个词，以增加文本的多样性并减少重复内容的生成。
- Nucleus Sampling（又称Top-p Sampling）：此方法在生成文本时仅考虑概率高于某个阈值p的词，它结合了高概率词汇和随机性，从而平衡了生成文本的可预测性与创造性。

通过了解这些模型和技术方法，我们可以更好地把握AI在文本生成方面的能力和潜力。

### 1.2.4 语言模型及工具汇总

截至2024年5月，市场上流行着多款语言对话类模型，这些模型都是为实现高质量和自然的对话体验而专门训练的。以下是一些被广泛使用的模型（排名不分先后）。

- Bard：由Google开发，于2023年发布。
- ChatGPT：基于OpenAI的GPT-3技术，于2020年发布，其优化版本在2022年年底推出。ChatGPT全称为Chat Generative Pre-trained Transformer，专注于生成式对话。
- LLaMA：由Meta AI（原Facebook AI）于2023年发布的大型语言模型。
- Claude：由Anthropic公司在2023年推出的AI模型。
- PanGu-α：华为于2021年发布的自然语言处理模型。
- QWen1.5：阿里巴巴推出的语言模型，于2024年发布，其全称为"千问通义"。
- ChatGLM：Microsoft开发的生成式语言模型，特别擅长仿真真实人类对话。尽管详细发布时间未公开，但其API已成为开发对话系统的有力工具。
- PLATO-2：由百度于2020年发布的对话模型。

这些模型不仅代表了人工智能在自然语言处理和对话系统领域的尖端技术，还通过其强大的语言生成和理解能力，在各个领域提供了广泛的应用潜力。它们不仅提高了文本生成的效率，还显著增强了文本的质量和多样性。表1-2整理了这些被大众广泛使用的语言模型工具，以供参考（工具排名不分先后）。

表1-2  广泛使用的语言模型工具

| 名称 | 标志 | 功能 |
| --- | --- | --- |
| GPT4 |  | OpenAI旗下的语言模型，功能全面，既可以协助撰写文稿，又能进行深入分析，实现自然对话交流。更为出色的是，它还具备识别图片和PDF文件的强大能力，真正做到了无所不能 |
| Bard |  | 与GPT相似，这款工具支持文字、图片等多种格式。然而，作为下一代产品，它的升级目标不仅是超越GPT-4，更要引领行业革新。值得期待的是，它还新增了视频识别功能，为用户带来更加全面、高效的智能体验 |
| copilot |  | Being凭借其实在、准确的特性赢得了用户们的一致好评。在搜索方面，它的优势更是显而易见的 |

续表

| 名称 | 标志 | 功能 |
|---|---|---|
| Playground AI | | 该工具依托于OpenAI的强大后台，虽然无法使用GPT-4，但GPT-3.5的表现同样出色。它运行迅速且稳定，能够高效满足人们的需求。而最关键的是，它的价格非常亲民，性价比极高 |
| Claude | | 个人AI小助理，擅长处理各种日常工作 |
| 通义 | | 一个不断进化的AI大模型 |
| 智谱清言 | | 说中文是它的优势 |

这些语言模型已成为我们日常生活中的得力助手，能够轻松应对各种文字生成任务，如撰写周报、日报，或者为社交媒体平台创作脚本和稿件。有趣的是，当面对相同问题时，不同的模型会给出各异的回答，因此，多尝试、多询问是找到最适合你的语言模型的关键。此外，随着AI科技的飞速发展，新的工具和迭代层出不穷。与2023年5月相比，仅一年之隔，到2024年5月，许多模型和工具已经有了显著的进步。展望未来，我们满怀期待，希望明年此时能有更多高效便捷的工具问世，助力我们的工作与生活。

### 1.2.5　AI生成有创意的图片已经融入我们的生活

AI技术的不断进步不仅显著提升了文字处理的效率，更在图像创造力方面展现出惊人的能力。目前，已有许多成熟的技术能够自动修复图像中的损坏部分，并全方位增强图像质量，如提高分辨率、优化光照效果以及进行精准的色彩校正。这些技术的运用，使那些尘封已久的旧照片或原本质量不佳的图片得以焕发新生。

更值得一提的是，AI现在还能根据给定的文字描述生成全新的图片，这一创新在艺术创作、广告设计、游戏开发等多个领域都得到了广泛应用。在AI图像生成的丰富世界里，每一个创意岗位都仿佛是一位魔术师，不断变幻出令人叹为观止的视觉盛宴。

**1. 创意设计领域**

在当今时代，AI已经超越了单纯工具的范畴，它更像是一位能够协助你捕捉和总结灵感的创意合作伙伴。对于广告部门的创意美术岗位而言，AI工具如Midjourney和Stable Diffusion等，能够将原本不可能的场景与特定人物巧妙地融合在一起。例如，想象一个外星人在巴黎铁塔旁公寓的卫生间里，窗外映照着巴黎铁塔的壮丽景色。通过精心编辑这段描述作为提示词，并将其输入到图像生成工具中，你便可以创作出下页上图这张充满创意与想象力的图片。

这张图片的生成过程高效而令人惊叹，从组织提示词到最终生成高清图像，仅耗时1分钟。更令人欣喜的是，这一过程中还提供了多种风格供选择，极大地丰富了美术创意的可能性。对于创意工作者而言，这简直是一个汇集灵感的宝库，只需简单调整，甚至无须调整提示词，心仪的效果便能惊喜地展现在眼前。值得一提的是，这种图像生成原理同样适用于其他领域，为创意的实现提供了更多可能性。

提示词：An alien using the bathroom in an apartment near the Eiffel Tower in Paris, with the window reflecting the view of the Eiffel Tower,realistic, great lighting --s 250 --v 6.0

## 2. 电影与广告行业

在广告与影视制作领域，搭建复杂的拍摄场景一直是一项耗时且成本高昂的任务。然而，随着AI技术的不断进步，我们现在已经能够创建出逼真的虚拟人物和特定场景，从而大幅节省了昂贵的场景搭建费用和群演费用。想象一下，借助AI的魔力，在午餐时间，你可以轻松让一个虚拟的汤姆·克鲁斯从高耸的虚拟楼宇中一跃而下，同时手中展示着你想要推广的产品——假设那是一把醒目的红色雨伞。通过简单调整提示词，你便能迅速生成下面这张引人注目的图片，而这一切，仅需花费享用一杯咖啡的时间和成本！

提示词：A virtual character resembling an action movie star Tom Cruise jumps off a skyscraper, holding a shiny and brand new red umbrella that makes the stunt appear safe. He smiles calmly at the camera. The background features the neon lights and high-rise buildings of a modern city,realistic, great lighting --s 250 --v 6.0

### 3. 时尚行业

AI在图像生成领域的应用已经深入到了各个行业，为设计师们带来了前所未有的便利和创新空间。以服装设计师为例，借助AI技术，他们能够轻松地构思并创造出新款服装的草图。想象一下，一位设计师想要打造一个春天系列，他希望模特身上的衣物布满青草和娇艳欲滴的小花，长裙轻轻拖地，在时装台上优雅走秀。通过AI的助力，他能够迅速将这一创意转化为下面的精美设计。

提示词：A model on a fashion runway wearing a long, floor-length gown adorned with fresh grass and small flowers, similar to Te Fiti's attire from the movie 'Moana'. The gown accentuates the model's tall, slender waist,,realistic, great lighting --s 250 --v 6.0

不仅如此，在游戏开发和社交网络中，AI也展现出了其强大的图像生成能力，能够轻松生成复杂的环境和角色。此外，在医疗领域，AI更是成为医生的得力助手，帮助他们生成解剖图像，为诊断和治疗计划提供有力支持。

这些生动的例子充分展示了AI在图像生成领域的广泛应用。它不仅大幅提高了工作效率，更为我们的生活注入了无限的乐趣和便利。接下来，笔者将带领大家一起深入探索AI在图像生成方面的原理、模型以及图片处理方法，让我们共同感受AI技术的魅力，并更好地理解它是如何助力图片生成的。

现在，让我们来简要梳理一下图片生成的基本模型和技术，进而探讨目前被广泛应用的图片生成模型。

首先是生成对抗网络（GAN），这是一种极为流行的模型。它由两个核心部分组成：生成器和判别器。生成器致力于创造出尽可能逼真的图像，而判别器则负责鉴别图像是真实的还是由生成器生成的。这种模型的工作机制类似我们之前提到的语言模型，其中一个负责生成，另一个负责检查。在训练过程中，生成器和判别器会不断精进各自的技术。

接下来是变分自编码器（VAE），它通过优化编码数据的概率分布来生成新的数据。变分自编码器通常用于生成更加平滑和连贯的图像。例如，它在生成具有特定属性的图像方面表现出色，如调整人脸的某些特征。

在生成图像之前，还需要进行一系列的图片处理操作。这些操作包括图像增强、噪声去除、图像缩放等。幸运的是，AI技术，尤其是深度学习模型，能够自动化这些处理步骤，从而显著提升图像质量。例如，Adobe Photoshop现在集成了AI工具，如Adobe Sensei，帮助用户轻松优化图片质量。

此外，高分辨率图像合成技术也值得关注。通过诸如Progressive GANs之类的技术，AI能够分阶段生成高分辨率的图像。这一过程从生成低分辨率图像开始，然后逐步增加细节，最终呈现高质量的图像。这种技术的应用范围广泛，包括生成高分辨率的艺术品复制品和精细的游戏背景。

最后，AI还能生成3D图像，这在视频游戏和虚拟现实中具有重要意义。利用3D GANs等技术，我们可以创造出极为逼真的三维场景和对象。值得一提的是，在电影《阿凡达》中，这种技术就被用于生成复杂的外星环境和生物。

### 1.2.6 视觉大模型以及AI生图工具汇总

经过上述介绍，我们不难发现，AI图像生成技术已然成为创意与创新的得力伙伴，为我们打开了无数先前难以企及的可能性之门。接下来，笔者将向大家展示一些我们日常工作中经常会运用到的视觉大模型。

#### 1. DALL-E 2

DALL-E 2，作为DALL-E的升级版，由OpenAI倾力打造，能够生成分辨率更高、逼真度更强的图像。该模型运用了先进的神经网络技术，以更精确地理解和产出与文本描述相契合的图像。

#### 2. Stable Diffusion

Stability AI开发的这款开源生成模型，尤其擅长根据文本提示生成高质量的视觉艺术作品。它运用了扩散模型，通过在前向扩散过程中加入随机噪声，再在逆向扩散中逐步去除这些噪声，从而精准地重建图像。

#### 3. Midjourney

Midjourney是笔者最为喜爱的图像生成模型，它也支持基于文本的图像生成功能。这款模型被广泛应用于创作各种高质量的艺术作品，深受用户喜爱。

#### 4. Imagen

Imagen，这款由Google精心开发的图像生成模型，同样在图像生成领域占据重要地位。它能够生成高质量的图像，并且在保持图像细节与真实性方面展现出卓越的性能。

在了解了上述几种视觉大模型之后，接下来将为大家介绍一些实用的AI图像生成工具。为了便于读者查找，已将相关信息整理成表1-3。

表 1-3 实用的 AI 图像生成工具

| 名称 | 标志 | 功能 |
| --- | --- | --- |
| Midjourney | | 能够生成质量极高的图片，展现出非凡的创造力 |
| Stable Diffusion | | 与Midjourney相似，也是一个备受推崇且广泛使用的AI模型和工具 |
| Canva magic studio | Canva | 其中内置了众多AI工具，无论是通过文字生成图像，还是利用线条勾勒出精美图画，都能轻松实现 |
| Clipdrop | | 一款备受欢迎的精细修图软件，它能轻松移除背景中的杂物，为图片增添光源效果，显著提升图片质量，甚至还能让你随心更换人物表情，满足你的个性化需求 |
| Leonardo AI | | 能够生成高质量的3D动画和卡通作品，呈现精美的视觉效果 |
| Photoshop | Ps | Photoshop的新功能让你只需圈选出想要修改的区域，并用语言描述出你的需求，即可轻松实现你的创意，让你即刻拥有心仪的图片效果 |
| Leia Pix | LeiaPix | 可以将照片转化为2D图像或生动的3D动画 |

随着技术的持续进步，未来的图像生成技术无疑将愈发令人叹为观止。AI的巨大潜力将被更深入地挖掘和展现。让我们满怀期待，共同见证AI如何继续重塑图片创造的奇妙世界！

### 1.2.7 AI对声音的作用

在AI技术的众多应用领域中，声音生成与识别技术无疑是一项极具创新和革命性的突破。这一技术的应用，不仅显著提升了我们与技术互动的效率，还为创意产业、辅助设备以及自动化系统的发展注入了强大的动力。AI在声音生成和识别领域的应用场景极为广泛，大致可以分为输入分析和输出生成两大类。这两个阶段充分展示了AI如何高效地接收并分析语音信息，以及如何精准地生成声音以满足用户的多样化需求。

**1. 输入分析**

输入分析是AI系统接收和解析声音信息的关键环节。这一过程的核心在于精确识别和理解声音数据。语音识别技术使机器能够解读并转写人类的语音，它通常包含两个主要部分：语音转文字和直接的语音识别。

语音转文字方面，Google的语音文字转换服务堪称典范。该服务能实时将用户的语音转化为文字，广泛应用于Android系统和Google助手中。支持多种语言的同时，它还能准确迅速地将口语转化为书面文字，从而极大提升了用户与设备间的交互效率。

在直接语音识别领域，Apple的Siri成为广泛使用的代表。用户通过Siri发送指令、获取信息或控制家居设备。Siri能够理解和响应具体指令，充分展现了深度学习模型在自然语言理解方面的强大实力。

这些技术广泛应用于以下场景。

- 医疗健康 - 语音诊断：在医疗领域，AI通过分析语音的细微变化来辅助疾病诊断，就如同细心的医生从患者的呼吸声中发现健康问题。例如，AI可以通过分析语音的震颤和音调变化来早期识别帕金森病，这种应用类似医生使用听诊器听取心肺声音以辅助诊断。
- 心理健康辅助 - 情绪分析：AI还能通过分析语调、语速等因素来监测和分析人的情绪状态，就像经验丰富的心理咨询师通过客户的语音来洞察其情绪。这项技术在远程心理健康服务中尤为重要，它能在缺乏面对面交流的情况下，帮助专业人士更好地理解患者的需求。
- 教育和学习 - 语言教学：在教育领域，AI可以模拟语言学习环境，帮助用户练习发音和语法，宛如一个随时可用的语言教练。通过提供即时反馈，AI协助学习者提升语言技能，就像有私人辅导老师在旁指导一样。
- 法律和合规 - 合规监控：在法律和金融领域，AI的语音识别技术被用于确保通话和交易的合规性，它如同一个不知疲倦的监督者，确保所有活动都符合法规要求。例如，AI可以实时监控交易员的通话，自动检测出任何可疑的非法交易活动。
- 智能家居 - 家居自动化：在智能家居领域，AI已经得到广泛应用，它使用户能够通过简单的语音命令来控制家电，如同家中有一个无形的助手在打理一切。用户可以通过语音控制灯光、调节温度或播放音乐，从而让家居生活更加便捷舒适。

接下来，我们将探讨AI在声音输出生成方面的应用场景。

## 2. 输出生成

输出生成是AI根据输入信息创造或模拟声音输出的过程。这些技术不仅能够模拟声音，还能生成全新的声音内容，其应用场景广泛。

- 音乐生成：OpenAI推出的Jukebox是一个能够创作原创音乐的AI系统。它能够根据不同的音乐风格和艺术家特色来创作歌曲，涵盖从古典到现代流行音乐的多种风格。
- 声音模拟/克隆：DeepMind的WaveNet能够生成极为真实的人声和音乐。通过深度学习模拟声音波形，WaveNet为语音合成和音乐生成开辟了新途径。Adobe的VoCo技术，被誉为"声音的Photoshop"，能够生成和编辑人声录音，甚至能创造全新的语句，对于广播和动画配音制作尤为有用。此外，还有如Eleven labs等AI工具，能够克隆和生成声音，极大地丰富了声音的表现力。目前，市场上已有许多AI音乐创作平台，它们可以根据文本迅速生成音乐，且经过调试后，音乐质量可与专业制作相媲美。
- 多媒体制作：在广播和影视制作中，AI能迅速生成适合场景的声音效果和背景音乐，提高制作效率并降低成本。Descript的Overdub功能可根据用户声音样本生成新的语音内容，便于播客和视频内容的制作与编辑。

- 自动配音：TikTok提供的自动配音功能允许用户为视频自动生成配音。AI通过分析视频内容生成适当的语音，为视频赋予生命。

在游戏和VR领域，AI的语音交互技术增强了玩家的沉浸感，使玩家仿佛置身于游戏世界中，与游戏角色的对话如同与现实世界中的人交流一样自然。此外，许多公司使用AI驱动的聊天机器人提供24小时客户服务，如IBM的Watson Assistant，能够处理大量客户查询，通过自然语言处理技术理解和响应用户需求。

AI生成声音主要依赖机器学习模型，特别是深度学习网络。这些模型模仿人类声音的产生方式，首先从大量语音数据中学习声音特性，然后根据输入的文本或命令生成语音输出。例如，Google的WaveNet是一个深度神经网络，能够产生非常自然的语音。它通过学习大量语音样本捕捉声音波形，并根据文本生成相应的语音输出。这种技术被应用于Google Assistant中，提供了比传统文本到语音（TTS）系统更自然的声音。

AI生成声音的主要技术包括文本到语音（TTS）转换、语音合成和修改已有语音的技术。TTS技术使AI能将文本信息转换为口语，广泛应用于各种助手和读屏软件中。语音合成技术则不仅限于模仿人类发音，还能创造全新的声音或效果。

此外，声纹识别是一种使用声音特征进行个体身份认证的技术。它利用每个人声音的独特性进行身份确认。在声纹识别系统中，首先需要获取用户的语音样本。系统随后使用高斯混合模型（GMM）等概率模型来处理这些数据并提取有用的身份信息。深度学习技术如卷积神经网络（CNN）和循环神经网络（RNN）则能学习和识别声音数据中的复杂模式以更准确地识别个人声纹并生成语音。

随着AI技术的不断进步声纹识别将在更多领域得到应用，如手机和计算机解锁、安全门禁系统、银行和金融服务的身份验证以及个性化的虚拟助理服务等。

最后，我们总结了一些常用的能生成声音和音乐的AI工具（见表1-4），以供读者参考和使用。

表1-4 生成声音和音乐的AI工具

| 名称 | 标志 | 功能 |
| --- | --- | --- |
| Eleven labs | | 可将文本转化为高质量的语音与图像，实现创意内容的快速生成 |
| Adobe Podcast. | | 结合AI技术，提供一站式音频录制、自动降噪、编辑及一键发布到主流播客平台的功能，简化音频制作流程，并支持多人协作，适用于个人播客、企业宣传等多种场景 |
| Stable audio | | 根据文本提示或上传的音频样本生成高质量、长达3分钟的音乐作品，并支持多种音乐风格，同时提供了音频到音频的转换功能和多样化的输出格式 |
| Soundraw | | 一款AI音乐生成平台，允许用户定制音乐长度、结构和乐器，通过选择标签如情绪、流派等来生成音乐，并提供音乐编辑功能以及一键发布到全网音乐平台的服务 |

续表

| 名称 | 标志 | 功能 |
|---|---|---|
| voicemod | | 一款实时语音转换软件，提供超过100种变声情境和自定义音效功能，可集成于游戏、在线会议及社交应用，通过AI技术实现多样化的声音变换和音效播放 |

综上所述，AI在内容生成领域的迅猛发展，正逐步颠覆传统的视频、图片、文本和声音的制作方式，带来了前所未有的高效与创造力。AI的进阶不仅深刻影响了内容的产生方式，更重新塑造了内容的创意边界，为社交内容的革新开辟了新天地。以视频制作为例，AI的应用已贯穿始终，从辅助生成到编辑，再到完全由AI驱动的视频内容创作，其身影无处不在。在图片生成领域，AI仿佛开启了一扇通往全新艺术维度的大门，借助深度学习模型，创造出前所未有的图像，为众多创作领域注入新鲜灵感。至于文本内容生成，诸如ChatGPT等工具已广泛应用于各类场景，无论是撰写文章、诗歌，还是编写代码，它们都能通过分析海量文本数据学习语言结构与用法，生成语法通顺、内容连贯的文本。这一技术不仅助力创作，更在新闻报道、内容营销和客户服务等领域大放异彩，大幅提升了写作效率与可扩展性。声音制作方面也不例外，从语音合成到声音编辑，AI的应用已渗透到虚拟助手、音乐音效后期合成以及视频编辑的方方面面。

随着AI技术的持续进步，社交内容的制作与分享方式正迎来根本性的变革。在接下来的内容中，我们将深入探讨AI如何使社交内容更趋个性化，以及这一变革如何为市场营销、品牌建设和用户参与带来崭新机遇。AI不仅提升了内容生成的效率，更让内容更加贴近用户的个性与偏好，为社交平台上的品牌互动开辟了新的可能。通过深入分析这些变革，我们可以预见，AI将在内容生成领域继续扮演举足轻重的角色，推动创意与技术的深度融合，开启内容创作与消费的新篇章。在此背景下，社交内容创作者和品牌将能够更灵活地运用AI技术，提升内容的吸引力与参与度，同时更好地捕捉和分析用户数据，为未来的营销策略提供有力支撑。

# 第 2 章
# 社交内容重塑背后的新机遇

## 2.1 AI 社交内容

### 2.1.1 社交媒体的崛起

社交媒体的崛起堪称21世纪初信息技术革命中的重大里程碑，它深刻地改变了人们的交流方式、信息获取途径和内容消费习惯。为了更深入地理解即将颠覆内容创作领域的AI社交媒体内容，我们有必要先回顾社交媒体的发展历程，并探究其普及背后的具体原因。

社交媒体发展时间线概述如下。

- 1997年：可以追溯到SixDegrees.com的社交媒体雏形诞生，它首次允许用户创建个人档案并与其他用户建立友谊关系。
- 2002—2003年：Friendster和MySpace的相继推出，揭开了现代社交网络的序幕，尤其是MySpace在青少年群体中迅速成为流行文化的重要组成部分。
- 2004年：Facebook的问世标志着社交媒体新时代的到来。虽然最初仅面向大学生群体，但随后迅速对公众开放，并成长为全球最大的社交网络平台。
- 2006年：Twitter的推出引入了微博客概念，使用户能够通过发布简短信息或推文来分享自己的想法和新闻。
- 2010年：Instagram和Snapchat的兴起，推动了图片和视频分享在社交媒体中的发展，尤其受到年轻用户的青睐。
- 近年来：得益于技术进步和智能手机普及，新兴平台如TikTok等迅速崭露头角，吸引了全球数亿用户的关注。

深入剖析社交媒体迅速崛起的原因，我们不难发现三大关键因素。

- 技术进步与互联网普及：尤其是移动互联网技术的飞速发展和广泛普及，为社交媒体的崛起奠定了坚实的技术基础。智能手机的普及使用户能够随时随地访问社交媒体，极大地促进了人们的在线社交活动。
- 人们的社交需求：作为社会性动物，人类具有强烈的交流和社交需求。社交媒体平台提供了一个便捷、易于接触和交流的环境，使人们能够轻松建立和维系社交关系、分享生活点滴以及表达情感和观点。此外，社交媒体还满足了人们的好奇心、对新鲜事物的追求，以及获取认同和归属感的心理需求。
- **经济因素与商业模式**：社交媒体平台通常通过提供免费服务来吸引大量用户参与，进而通过广告和数据分析等方式实现盈利。这种商业模式不仅为平台本身带来了可观的经济效益，也推动了广告行业的发展，形成了一个互利共生的生态系统。

截至2024年5月，以下是几个主要社交媒体平台的日活跃用户（DAU）数据（数据来源：Global Digital Insights）。

### 1. 微信

微信的日活跃用户数已突破12亿大关，稳坐中国社交媒体平台的头把交椅。鉴于其在中国日常通信与交易中的不可或缺的地位，微信的日活跃率极有可能维持在相当高的水平。在中国，微信的功能远不止于消息传递和社交互动，更融合了支付、购物、预订服务等多重实用功能，几乎成为用户日常生活的数字化枢纽。据相关报道披露，超过八成的微信用户通过该平台进行了金融交易或享受了相关服务。以下是一些关于微信的亮丽数据：微信小程序的日活跃用户人数已超过4亿；超过半数的用户每天都会使用微信支付功能；而用户平均每天在微信上停留的时间更是超过了60分钟。

### 2. 小红书

小红书在2024年的日活跃用户数已经成功突破1亿，同时，其每月活跃用户也高达2亿。值得一提的是，该平台72%的用户都是"90后"，展现了其在年轻群体中的强大吸引力。小红书汇聚了超过43万的内容创作者，他们热情分享购物心得、旅行体验、时尚潮流以及美妆技巧等多元化内容。此外，平台50%以上的用户集中在中国的一线和二线城市，凸显了其在都市年轻人群中的广泛影响力。在商业模式方面，广告收入占据了小红书总收入的80%，而剩余的20%则来源于蓬勃发展的电子商务业务。

### 3. 抖音

抖音平台上的内容丰富多彩，包括短视频、直播、电商等多种形式，使其成为一个重要的社交和营销平台。目前，抖音的日活跃用户数高达7亿，且每月活跃用户更是超过8亿。用户黏性也非常高，平均每天在抖音上停留约120分钟。

### 4. 微博

微博作为重要的新闻和娱乐平台，深受年轻人喜爱，同时汇聚了众多明星和名人用户。其日活跃用户数高达2.5亿，每月活跃用户数更是突破5亿。微博用户之间的互动十分频繁，尤其在重大事件和娱乐新闻发布时，用户黏性表现得尤为突出。

## 5. Facebook

每天，大约有29亿人活跃在Facebook上，这还包括可能同时在WhatsApp、Messenger和Instagram上活跃的用户。令人震惊的是，这些用户每天在Facebook旗下的社交产品上花费约33分钟的时间。为了更直观地理解这个时间量，我们可以进行一个简单的计算。

每人每天使用30分钟，即0.5小时。那么，29亿人每天总共花费14.5亿小时在这些社交平台上。这是一个惊人的数字！进一步讲，如果我们假设一个人的平均寿命为80年，那么一个人一生中的总小时数大约为701,280小时。这意味着，人们每天在Facebook旗下社交产品上花费的时间，累计起来相当于2067个人的一生！

现在，让我们来看看其他社交媒体平台的数据。

- Instagram：每月有超过20亿活跃用户。据统计，超过50%的Instagram商业账户每月至少发布一次Instagram Story。用户平均每天在这个平台上花费约29分钟。
- TikTok：每月影响约15.82亿成年人。这个平台的用户平均每天使用时间为95分钟，这是各大社交媒体中最高的。值得一提的是，TikTok上的视频中，有超过1/3是由用户自己创作的音乐或配乐。这种高度的用户原创性是TikTok与其他社交媒体平台的重要区别，也是其吸引年轻用户的关键因素之一。
- YouTube：每天有超过1.22亿人访问这个平台，使其成为全球最受欢迎的视频内容平台之一。YouTube用户的平均观看时间超过40分钟，这表明YouTube不仅用于短视频观看，更是一个长时间娱乐和学习的平台。

这些数据充分展示了这些社交媒体平台在全球范围内的广泛影响力和日常参与度。它们不仅塑造了人们的沟通方式和媒体消费习惯，还深刻影响着商业行为。社交媒体的迅速崛起是技术进步、社会心理需求满足和有效商业模式共同作用的结果。

那么，随着技术的不断进步和用户需求的持续变化，社交媒体将如何继续演变？AI社交内容又将带来什么样的新机遇呢？

AI社交内容是指利用人工智能技术生成、推荐和优化的社交内容。随着AI技术的日益成熟，我们可以预见到以下几个新的机遇。

- 个性化内容推荐：AI能够分析用户的兴趣和行为模式，从而为他们提供更加精准的内容推荐。这将极大地提升用户体验和满意度。
- 智能内容生成：利用AI技术，我们可以生成更加吸引人的文章、视频和图片等内容。这不仅提高了内容生产的效率，还能为用户提供更加多样化的内容选择。
- 情感分析和互动：AI可以帮助我们更好地理解用户的情感和需求，从而实现更加智能的互动和回应。这将有助于增强用户与社交平台之间的连接和忠诚度。

总的来说，AI社交内容将为社交平台带来新的发展机遇，同时也将为用户带来更加丰富、智能和个性化的体验。

## 2.1.2 AI算法推荐的威力

许多人都了解抖音以及其在海外大获成功的姊妹应用TikTok，但大家是否深入探究过其成功的内在机制呢？除了出色的用户体验、强大的社交网络效应以及全球化的战略布局，TikTok的成功还得益于一个核心要素——高效的内容推荐算法。这一算法能够精准推送用户感兴趣的内容，从而显著提升用户在平台上的停留时间，尤其在年轻用户群体中拥有巨大吸引力。通过不断优化用户体验、精进推荐算法，以及借助强大的网络效应和创新的市场策略，TikTok成功地将娱乐与社交融为一体，迅速崛起为全球领先的社交媒体平台之一。

内容推荐算法，这种利用数据挖掘技术从海量信息中筛选用户可能感兴趣内容的工具，已广泛应用于视频流媒体、社交媒体、电子商务等各类在线平台。其目的是提供个性化的内容推荐，从而增强用户的参与感和满意度。这些算法通常基于以下几种技术或方法构建。

- 协同过滤：此技术通过分析大量用户的历史行为数据（购买、观看、评分等）来预测新用户可能感兴趣的内容。其核心理念在于，如果两个用户在过去对某些内容有相似喜好，那么，其中一个用户可能会对另一个用户偏好的其他内容也感兴趣。
- 内容推荐：这种方法侧重于分析内容本身的特征（文本、图像、标签等）以进行推荐。若用户喜欢某个特定内容，系统便会推荐具有相似特征的其他内容。
- 基于深度学习的推荐：利用深度学习模型，如卷积神经网络（CNN）或循环神经网络（RNN），来处理复杂的输入数据，以提供更精准的推荐。
- 自编码器：这是一种学习数据压缩表示的神经网络，可用于特征学习。与语言模型的逻辑相似，它在学习的过程中进行筛选和优化。
- 混合推荐：这种方法结合了多种推荐技术，如同时运用基于内容的推荐和协同过滤技术，以实现更好的推荐效果。

此外，推荐系统还通过一系列评价标准，如准确率、召回率、F1分数等，来评估预测的准确性。同时，采用如NDCG（归一化折扣累积增益）等排序指标来评估推荐列表的排序质量。简而言之，推荐算法就是将相关信息推荐给用户，并根据用户的兴趣、点击、观看时长等反馈进行评级，从而更精准地判断个人喜好。

随着AI技术的不断发展，其在推荐算法中的关键作用日益凸显。AI通过多种方式促进了算法推荐系统的进化和优化，使内容推荐更加智能化和个性化。

### 1. 用户行为分析

AI技术能够深入剖析用户的点击行为、浏览习惯、互动模式以及购买历史，从而精准洞察用户的个人偏好和兴趣所在。以Netflix为例，其先进的推荐系统会详尽分析用户的过往观看记录和评分数据，进而借助机器学习模型，准确预测用户可能钟爱的新影片或剧集。

## 2. 内容匹配和个性化推荐

借助自然语言处理（NLP）与图像识别技术的强大能力，AI得以深入理解内容的主题、所蕴含的情感以及视觉元素，进而实现这些内容与用户个性化喜好的精准匹配。以YouTube为例，该平台通过运用深度学习技术，对视频内容的视觉信息和文本描述进行深入分析，从而能够为用户智能推荐高度相关的视频内容。

## 3. 群组聚类和细分

AI技术具备识别与聚类拥有相似行为和兴趣的用户群体的能力，进而能够依据这些群体的独特特性，实施精准的细分市场推广策略。举例来说，Spotify便通过深入分析用户的听歌习惯和曲风偏好，将用户巧妙地划分为不同的群体，并为这些群体量身打造推荐个性化的歌单，从而极大地提升了用户体验和满意度。

## 4. 趋势分析和预测

AI技术还能深入分析庞大的社交媒体数据集，精准识别和预测即将涌现的流行趋势，使平台得以提前构建相应的内容库，进而有效吸引用户目光。通过及时捕捉并响应即将走红的话题或内容，社交媒体平台能够预先调整其推荐策略，从而显著提升用户的参与热情与满意度。

综上所述，社交媒体的算法推荐机制已日臻完善，我们只需专注于创作相关内容，算法便会智能地将这些内容推送给感兴趣的目标受众。换言之，社交平台对算法的持续优化，已为我们奠定了坚实的传播基础。因此，我们的核心任务便是产出高质量的社交内容。

### 2.1.3　AI社交内容的定义

想象一下，作为一名内容创作者，你在短短几个月内，凭借出色的社交媒体运营，粉丝数量激增至数十万，每月收入高达10万元。或者，你是一家崭露头角的新品牌市场运营商，借助AI工具精心打造的社交内容，你迅速为公司锁定了数百个潜在客户。再或者，你的产品在国内市场反响平平，但你敏锐地发现其在另一个国家拥有巨大潜力。于是，你利用TikTok、YouTube等平台发布产品视频，成功开设社交线上小店，并创下月销量千万的佳绩。这些，都是AI技术助力社交网络内容实现目标的生动案例。

在AI科技席卷各行各业的今天，社交媒体内容正站在变革的前沿。其灵活多变、需求旺盛、易于上手和低门槛的特点，使社交媒体成为率先开启AI内容时代的重要力量。AI社交内容将迅速渗透进我们的日常生活，为不同领域带来显著的提升和全新的应用场景。

以下是AI社交内容在不同领域的具体应用和提升效果的详细解读。

## 1. AI助力灵感创作升级

AI将为内容创作领域注入更丰富的灵感源泉。例如，AI模型能够学习并融合多位艺术家的创作风格，进而形成独具一格的艺术表达。基于这种训练有素的模型，艺术作品得以定向产出，每一幅都独一无二。当艺术家陷入创作瓶颈时，AI还能根据他们过往的艺术风格和社交媒体粉丝的反馈，提供新鲜灵感，生成新的视觉内容，从而增添作品的艺术价值。

在音乐创作方面，AI同样大放异彩。我们可以借助文字描述一段美妙的想象，然后利用特定的语言模型和声音模型，创作出与这段描述相契合的旋律或和声。IBM的Watson Beat项目便是一个生动案例，它能根据用户的情绪和风格喜好来生成音乐。音乐家只需提供基础的旋律线条，AI便能在此基础上创作新的编曲和伴奏，打造出独一无二的音乐作品。

在写作领域，AI也展现出惊人的潜力。它能够为作家提供故事情节的灵感或写作建议，如OpenAI的GPT系列模型，便能根据给定的提示语生成连贯的故事文本。这无疑是作家克服创作难题、探索新叙述路径的得力助手。

电影和动画制作也将因AI而焕然一新。想象一下，未来我们只需输入文字，便能得到想要的电影场景。AI工具能够协助导演和动画师创造出复杂的视觉效果，或者通过模拟各种摄影技巧来增强故事叙述的效果。

AI技术对内容创作的灵感提升，无异于开启了一扇通往无尽创意世界的大门。它能自动撰写文章初稿，为创作者搭建内容框架，让他们能在此基础上自由发挥，进一步丰富和完善内容。这就像是在画布上先勾勒出基本轮廓，让艺术家能够更专注于细节和创意的雕琢。

此外，AI还能根据特定需求启发符合特定风格的灵感，为艺术家和创作者提供多样化的帮助。这些技术不仅提升了创造力，还带来了全新的创作方式。它们扩展了艺术家和创作者的工具箱，为艺术创作赋予了前所未有的灵活性和创新空间。随着这些技术的不断进步，艺术和文化的生产方式正在发生深刻变革，传统艺术也因此焕发出新的生机与活力。

## 2. AI助力内容优化的方方面面

在前文中，我们曾深入探讨过AI的引入对社交媒体内容产生、分发和消费方式所带来的根本性变革。而在接下来的内容中，我们将进一步详细剖析AI如何助力社交媒体内容的蓬勃发展。在此，我们先通过两个简要的例子来阐释AI是如何驱动内容创新的。

AI就像一位目光犀利的猎人，能够敏锐地捕捉到最新的趋势动态。通过实时分析用户的行为数据和流行趋势，AI能够为内容生产者推荐当前热门的话题和内容类型，从而协助他们制订出更具吸引力和影响力的内容策略。如今，已有众多AI工具能够实时分析各类内容的表现，诸如哪些内容类型、发布时段或格式更能吸引用户的目光，进而为内容创作者和品牌提供优化其社交媒体策略的宝贵建议。这些工具不仅利用机器学习模型来预测内容的受欢迎程度，还能自动调整内容以提升其表现效果。例如，某些AI分析工具能够迅速识别出YouTube上突然走红的话题，并即时提示内容创作者调整或创作相关的视频内容，以迅速抓住观众的兴趣点。我们将在本书后文中，详细探讨如何利用AI进行精准的内容选题。

### 3. AI将社交内容全球化

AI助力全球化已成为我们耳熟能详的话题。其中，大型语言模型在消除语言障碍方面发挥着举足轻重的作用，它们使得使用不同语言的人们能够进行无障碍的交流。这些工具不仅支持文本翻译，更能实现实时的语音和视频通话翻译，极大地推动了国际商务、教育和文化的交融。此外，语言模型还具备帮助个人和企业理解和适应文化差异的能力。例如，AI可以通过分析各地区的社交媒体数据，揭示特定市场消费者的偏好和行为模式，从而为企业制订更为精准的本地化市场策略提供有力支持。

在国际贸易领域，AI工具同样展现出强大的实力。它们能够加速国际贸易的便利化进程，通过自动化关税计算、风险评估和合规性检查等环节，减少人为错误，提高处理速度，使国际贸易更加高效和透明。

另一方面，AI增强的协作工具和在线工作应用，如Zoom、Microsoft Teams和Feishu等，为远程工作提供了极大的便利。这些工具利用AI技术优化用户体验，如提供自动内容摘要、智能日程安排和个性化学习路径等功能，使全球化的工作和教育模式成为可能。

从AI在社交媒体内容方面的应用来看，其全球化的驱动力更为显著。未来，我们将看到越来越多的跨国团队制作出符合本地化风格和喜好的社交内容，即使英文并非他们的母语。此外，像heygen这样的视频翻译功能，能够将精心制作的视频迅速翻译成多种语言，目前已支持100多种语言。这意味着一条在北美发布的内容，可以迅速被翻译成西班牙语、法语等，吸引全球各地的用户参与讨论，极大地促进了全球用户的交流和互动。

### 4. AI将助力社交经济

在经济层面，AI技术发挥着加速器的作用，助力品牌和公司更高效地渗透市场并实现销售增长。通过精确的目标受众分析和个性化广告投放，AI使品牌能够最大化营销预算的回报。举例来说，AI能够深入分析用户数据，准确识别潜在消费者群体的购买习惯与偏好，进而自动优化广告内容和投放时机，从而显著提升转化率和用户互动度。

从宏观角度看，品牌借助AI工具分析来自世界各地的社交媒体数据，洞察全球消费者的行为和需求。这种分析为品牌在新市场中的产品定位和营销策略提供了有力支持。例如，一个运动鞋品牌可能通过分析社交媒体上的全球讨论，发现某些地区对健身训练格外关注，从而有针对性地推广相关产品。同时，情感分析技术的运用也使品牌能够更准确地把握用户生成内容中的情感倾向，进而更深入地理解其受众的情感反应。

在社交媒体内容的变革中，AI扮演着至关重要的催化剂角色。随着AI技术的不断驱动，社交内容有望成为AI领域的首个突破口。现在，让我们来深入探讨AI社交内容的概念。

在日常语境中，我们常将社交媒体内容简称为"自媒体"。当AI技术融入其中后，这一领域便演变为AI社交媒体内容。我们常说的AIGC（Artificial Intelligence Generative Content）便涵盖了这一概念，而AI社交内容可视为AIGC在社交媒体领域的专注分支。

优质的社交媒体内容，其构成要素的和谐组合，犹如一支协同作战的足球队伍。在这里，选题就像是球队的前锋，负责冲锋陷阵，抓住观众的注意力；脚本则如同中场核心，精妙地组织进攻，确保内容的流畅与连贯。而标题，则扮演着球队指挥官的角色，如同教练在场上的战术布置，确保整个球队的努力能够瞄准目标，引领内容走向成功。只有当这些角色在场上默契配合，才能踢出一场精彩的比赛，赢得社交媒体上的掌声与喝彩，打造出令人难以忘怀的爆款内容。

在AI社交内容的范畴内，感官的部分被AI技术所取代。例如，利用克隆的人物形象结合个人声音打造的内容、克隆的名人声音与AI生成的人物形象相结合的内容，以及AI生成的视频场景搭配足球解说员的声音等。这些由AI技术参与创作的元素共同构成了AI社交媒体内容的丰富内涵。

下图是一个帮助我们更好理解的公式。

$$\frac{人物 \times 场景 \times 表达方式 \times 声音}{AI驱动 \times 社交媒体} = AI社交媒体内容$$

在这里，无论是单一元素还是多个元素被AI取代，我们都可以称其为AI社交内容。这种全新的社交内容生产方式将极大地提升内容的生产效率，并激发出我们前所未有的创造力，从而推动全球化和社交经济的蓬勃发展。同时，它也为我们带来了更多的可能性和机遇。

接下来，让我们通过几个实例来具体探讨AI社交内容的呈现方式。

有一家画廊希望通过社交媒体来提升自己的专业形象，并吸引更多用户进行咨询。为此，他们创建了一个名为"一秒读懂艺术"的社交媒体账号。该账号专注于展示由AI生成的艺术作品，每件作品都会模仿并探索不同的艺术家风格或历史时期。通过这种方式，观众不仅能够欣赏到艺术家的独特风格，还能在艺术与AI的完美结合中领略到AI社交内容的魅力。这种内容因其独特性和强烈的视觉冲击力，迅速为该账号吸引了大量的关注和互动。同时，有关艺术风格和艺术家的教育内容也增强了人们的文化欣赏能力，并吸引了对艺术史感兴趣的特定群体。

另一家广告公司则希望通过社交媒体向更多人展示其独特的品牌传播方法论。他们开设了一个名为"智能市场洞察"的企业官方账号，专门收集网友、小企业以及商铺关于市场方面的问题，并以视频的形式进行专业解答。值得一提的是，这家公司并没有选择让员工真人出镜，而是创建了一个名为"用户通"的虚拟IP数字人。通过数字人的生动表达，他们将专业知识以视频的形式分享在社交网络上。该账号不仅帮助企业通过社交媒体数据分析了解消费者行为，还发布了包含信息图表、趋势预测和消费者行为分析在内的丰富帖子。这些实时消费者趋势洞察使订阅者和企业都能从中受益，从而制订出更出色的产品开发和市场策略。这家广告公司通过巧妙结合自身的知识储备与数字人IP形象，成功打造了一种新颖的AI社交内容形式，既提升了公司的声誉，也提高了品牌的知名度。

再举一个例子，有一家位于中国的保温壶厂家，其产品在本国市场表现平平，然而在巴西市场却大受欢迎。为了抓住巴西消费者对保温壶的热烈需求，同时规避雇佣巴西本地团队带来的高昂费用，他们采取了一种别出心裁的策略。通过AI技术，他们创造了一系列虚拟角色，包括公司职员、设计师、律师和医生等，并让这些虚拟人物对保温壶进行使用评测。随后，利用AI工具，厂家将这些评测内容精准地翻译成巴西语，并发布到巴西的各大社交媒体平台上。更进一步，他们还建立了社交小店，以便巴西消费者能够直接购买到心仪的保温壶产品。这种将虚拟人物与真实营销场景相结合的策略，不仅创新了营销方式，还成为了一种典型的AI社交内容应用案例。

由此可见，AI社交内容能够更快、更有效地帮助企业构建声誉、推广产品以及传播文化，从而大幅节省人力和物力成本。由于其带来的切实利益以及易于上手等特性，越来越多的个人和企业开始利用AI社交内容来宣传自己的产品、品牌和公司。随着AI社交内容的爆发式增长，其背后也涌现出了众多的商业机会。在后文中，我们将深入探讨这些商业机会，尤其是在内容创作与媒体行业、营销与广告行业以及教育与培训行业等预计最早实践AI社交内容的领域中的新机遇。

## 2.2 AI重塑内容背后的新机遇

### 2.2.1 内容创作与媒体行业

**1. 内容创作者/博主，赚取广告收入**

借助AI工具，例如基于文本、图文和视频的内容生成模型，以及AI视频编辑工具，创作者能够迅速生成脚本、图片和视频内容。这些先进的工具能够智能地分析用户的历史偏好和互动行为，为创作者推荐热门的内容主题。更为神奇的是，它们还能协助优化文章结构，提供视频剪辑建议，从而显著提升内容的整体质量和吸引力。在AI的助力下，创作者们可以更加高效地打造出精彩纷呈的作品，满足观众的多样化需求。

**2. 营销和品牌经理，AI官方账号，增加潜在客户**

借助对社交媒体上用户行为和趋势的深入分析，AI能够为营销团队量身打造精准的内容策略，进而生成个性化广告和营销素材。这种方式不仅显著提升了广告的转化率，更在品牌和消费者之间搭建起了一座互动与连接的桥梁，从而加深了彼此间的联系与共鸣。

### 3. 影视制作团队，利用 AI 内容预告增加曝光

利用AI驱动的内容，我们可以制作影视作品的精彩预告，甚至在某些场景下实现角色的高精度渲染。这种延展性内容不仅提升了专业内容的曝光度，还为观众带来了更丰富的视觉体验。同时，通过深入分析社交媒体上观众的反馈，制作团队能够更准确地把握观众的喜好和期待，从而在后续制作过程中作出相应的优化和调整，以更好地满足观众的需求。

### 4. 新闻编辑和记者，更精准地掌握流量

AI技术能够自动搜集并分析海量的社交媒体数据，助力记者迅速洞察新闻动态与重大事件。借助自然语言生成（NLG）技术的强大功能，AI还能自动生成初步的新闻稿件，使记者能够将更多精力投身于深度报道与剖析工作之中，进而提升新闻报道的质量与产出效率。

### 5. 音乐制作人，制作更流行的音乐

AI技术能够有效地搜集社交媒体上的流量内容，并在音乐创作领域发挥重要的辅助作用。例如，它可以通过深入分析流行趋势和用户偏好，为音乐创作者提供宝贵的创作灵感。同时，AI还能自动生成背景音乐和旋律，极大地提高了音乐制作的效率。这一技术的应用，不仅让专业音乐人的创作过程更加顺畅，也为非专业人士创作高质量音乐提供了无限可能。

### 6. 社交媒体经理，更精准的结果

通过利用AI工具来监控和分析社交媒体趋势，我们能够精准地优化内容发布的时间与策略。这不仅能有效提升用户的参与度，还能显著增强内容的可见性。最终，这些努力将助力我们的社交媒体账号实现更快速增长，并提高社交营销投放的精确度，从而为我们带来更加卓越的营销成果。

## 2.2.2 营销与广告行业

### 1. 策略与规划

市场营销经理能够利用AI工具深入剖析市场趋势与消费者行为，从而制定出更为精准的营销策略。品牌经理则可以通过AI分析社交媒体的反馈，进而完善品牌形象并调整传播策略，使其更符合消费者期望。而对于市场分析师来说，他们可以应用AI算法高效处理海量数据，迅速获取有价值的竞争分析和市场洞察，为企业的决策提供有力支持。

### 2. 创意与设计

创意总监可以借助AI辅助设计工具，更高效地进行创意构思和视觉设计，从而提升整体设计效率。艺术指导则能够利用AI生成的图像和布局设计，实现创意方案的快速迭代，进一步优

化设计效果。而文案策划通过运用AI文案生成工具，不仅能加快广告文案的创作速度，还能增加文案的多样性，使其更具吸引力和创意。

### 3. 执行与管理

营销项目经理可以利用AI项目管理工具，更有效地优化团队协作、跟踪项目进度，从而提升项目管理的整体效率。社交媒体经理则能够借助AI工具，自动化地进行社交媒体内容的发布和用户互动的分析，使社交媒体运营更加智能化和高效化。对于搜索引擎优化和搜索引擎营销专家而言，应用AI优化算法可以显著提升搜索引擎优化和搜索引擎营销的效果，帮助企业获得更好的搜索排名和曝光量。数字营销专家则能够通过AI技术，自动化地投放广告并监控效果，从而实现更高的营销投资回报率。

### 4. 分析与优化

数据分析师可以利用AI技术进行深度的数据挖掘与分析，从而精确地评估营销活动的效果与影响。消费者洞察专家则能够借助AI对海量的消费者反馈数据进行情感分析，深入挖掘消费者的真实感受与需求。而CRM经理通过集成AI工具，可以自动化地管理客户关系，有效提升客户满意度和忠诚度，为企业创造更大的价值。

### 5. 销售与商务

销售经理可以借助AI辅助的销售预测工具，精准地优化销售策略，同时提升销售效率，从而实现更好的业绩。而商务发展经理则能够利用AI技术深入分析潜在合作伙伴与市场机遇，为商务拓展提供有力支持，加速拓展进程，助力企业快速发展。

## 2.2.3 教育与培训行业

### 1. 教学与讲授

教师可以利用AI工具来打造个性化的学习体验，根据每位学生的具体学习进度和独特偏好，灵活调整教学内容，从而确保每位学生都能获得最适合自己的教育资源。专业培训师则能够通过AI深入分析参与者的反馈以及学习成果，进而精准优化培训课程设计，提升培训效果。对于在线教育内容创作者来说，他们可以借助AI技术来挖掘社交媒体上的热门话题和用户偏好，从而创作出更加吸引人、贴近用户需求的在线课程内容。而私人家教则可以通过AI工具全面跟踪学生的学习进度和问题点，为学生提供更加精准、有针对性的辅导，帮助学生更好地掌握知识，提升学习成绩。

### 2. 教育支持与管理

教育管理员可以借助AI系统来全面优化学校管理工作，例如实现自动化的排课以及高效的学生信息管理，从而提升管理效率和准确性。课程开发专家则能够利用AI技术深入分析学习成果数据，为设计更加有效的课程和评估方法提供有力支持。学术顾问或辅导员可以通过社交媒体平台，运用AI工具精准分析学生的兴趣和需求，进而为他们提供个性化的职业规划和学习建议。而图书馆员或资料管理员则可以利用AI工具来高效地管理和推荐教育资源，显著提高搜索效率，为师生提供更加便捷的服务。

### 3. 技术与创新

教育技术专家致力于开发和利用AI学习平台，如自适应学习系统，这些系统能够为学生提供高度个性化的学习路径，从而满足他们独特的学习需求。数字内容设计师则巧妙运用AI工具，生成或优化教学图像、视频以及互动模拟，使学习材料更加生动有趣，激发学生的学习热情。数据分析师通过应用AI技术深入分析学习数据，揭示学习趋势和洞察，为教育决策提供有力的数据支持。而AI教育开发者则专注于开发AI辅导工具和聊天机器人，这些智能助手能够为学生提供全天候的学习支持，随时解答疑问，助力学生取得更好的学习成果。

### 4. 辅助教学角色

教学助理/助教可以利用AI工具实现自动化的评分和反馈，从而有效减轻工作负担，让他们能够腾出更多时间专注于与学生的互动，提升教学质量。特殊教育教师则能够借助AI技术和社交媒体分析工具，更深入地了解特殊需求学生的行为和偏好，为他们量身定制更合适的教学方法，促进他们的学习进步。而职业教育和培训师则可以通过AI对行业趋势和技能需求进行深入分析，设计出更加符合市场需求的培训课程，帮助学员更好地适应职场挑战。

# 第3章 如何利用 AI 生产社交内容

## 3.1 用 AI 做自媒体 / 社交内容的黄金五步法

笔者是福基社媒传播的联合创始人。在长达7年的社交媒体行业历程中，我们团队已成功运营了上百个杰出的社交媒体账号，并每年助力500多个品牌实现其社交媒体营销目标。基于丰富的行业经验和近两年兴起的AI技术，我们独家研发了一套实用的AI社交内容制作方法。接下来的内容，将深入解析如何借助AI技术加速社交内容的创作过程，从而在提升创意的同时，也大大提高效率，助你打造一个繁荣的AI驱动型社交媒体账号或内容。

首先，揭晓AI社交内容制作的黄金五步法。我们通过流程拆解的方式，细致梳理了社交媒体内容制作的每一个核心环节。这样，你便可以清晰地识别出在哪些步骤中，AI技术的融入能够带来最为显著的效率提升。现在，就让我们一起探索黄金五步法的奥秘吧！

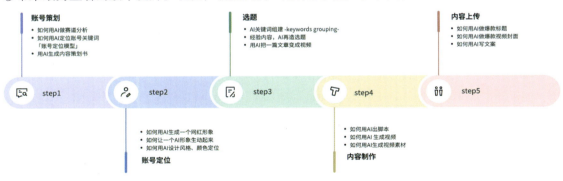

上图以清晰直观的方式呈现了一个内容创作的五步流程，每个步骤都用不同的颜色进行标记，便于区分和理解。更重要的是，图中融入了打造爆款文章所必需的关键因素，为我们提供了一条行之有效的内容创作路径。

优质的内容始于精心的账号策划，而对内容所在领域的深入分析与挖掘优势，则奠定了成功内容的坚实基础。通过这一流程，我们可以更有针对性地规划内容，确保每一步都紧扣核心目标，从而大大提升内容的吸引力和影响力。

### 3.1.1 账号策划

账号策划涵盖了3个核心环节：利用AI进行赛道分析、借助AI策划账号的关键记忆点，以及结合ChatGPT来规划账号的详细内容，也就是我们通常所说的策划书。接下来，会对每个环节进行简要介绍，以帮助你建立起一个大致的逻辑框架。当然，我们将在后文中深入探讨如何利用 AI 来策划一个成功的社交媒体账号，为你提供更为详尽的指导和建议。

### 1. 如何用 AI 做赛道分析

赛道分析是账号策划不可或缺的基石。通过广泛搜集所在领域的行业报告，并依托大语言模型的强大分析能力，我们能够深入洞察当前内容市场的热门趋势，并精准识别出潜在的内容差异化方向。以疗愈领域为例，通过细致剖析受众的兴趣偏好、竞争对手的内容布局以及市场的实际需求，我们可以为账号找到一个独树一帜的切入点。

具体执行步骤如下。

1. 数据搜集：广泛汇聚行业报告、市场调研数据以及社交媒体趋势报告，确保获取到丰富且全面的原始数据。
2. 数据分析：借助先进的AI工具，对搜集到的数据进行深入处理与分析，从而准确提炼出主导趋势、用户核心兴趣点以及市场中的内容空缺。
3. 差异化策略构建：基于深入的数据分析结果，为账号量身定制内容差异化建议，助力其在激烈的市场竞争中脱颖而出。

### 2. 如何用 AI 策划账号关键词

在明确内容方向之后，接下来的步骤是策划账号的核心记忆点，这通常被称为"人设"。这一环节至关重要，因为一个鲜明而富有吸引力的"人设"能够大幅提升账号的曝光度和用户忠诚度。通过运用我们自主研发的"账号定位模型"，可以迅速准确地锁定该账号的"人设"关键词，从而为其打造一个独特且引人注目的形象。

### 3. 如何结合 ChatGPT 策划账号详细内容

在"人设"确立之后，接下来的工作便是细致地规划账号的具体内容。这一环节要求我们将先前的分析与所设定的"人设"有机融合，借助ChatGPT生成详尽的内容策划蓝图，涵盖账号的基础设定、内容亮点、节目运作策略以及初步脚本等各个方面。

#### 账号基础设定

- 账号名称：需要精准反映内容主旨与"人设"特质，便于受众迅速把握账号核心。
- 账号简介：从用户利益出发，简洁明了地阐述账号的价值定位与内容走向。
- 关键词设定：内容与所选关键词应高度契合，以增强账号的搜索可见性。

#### 内容亮点打造

- 吸引点构思：结合创新性内容框架与素材运用，为账号塑造独一无二的记忆标签。
- 互动环节设计：如邀请观众分享个人疗愈经历，从而提升内容的互动深度与社群归属感。
- 栏目规划：依据"人设"与内容定位，设立3~5个固定栏目，以构建内容的连贯性。
- 初期脚本制订：精心策划前5期节目的详细脚本，保障内容既连贯又引人入胜。

阶段性目标设定
- 数据监测与反馈收集：定期审视运营数据与用户反馈，以动态调整内容策略及运营手法。
- 变现路径规划：明确设定如季度粉丝增长、互动率提升等具体的变现目标。

推广策略与实施
- 渠道选择：通过广告投放、口碑传播等多种途径，精准触达目标用户群，提升账号的曝光度与影响力。
- 效果测试与优化：依据推广成效，不断调整推广策略，以实现资源的最优配置。

遵循上述步骤，并充分利用AI技术及语言模型等先进工具，我们能够高效地构建出一个特色鲜明、吸引力十足的社交媒体账号。这不仅保证了内容创作的条理清晰，更为账号的长远发展奠定了坚实基础。

### 3.1.2 账号定位

这一步的关键在于细化社交媒体账号的内容要点，并依据这些内容来构思和塑造账号的核心主题及网红形象。我们将深入探讨如何利用先进的AI技术，为这个虚拟形象注入活力，包括设计其专属的声音，从而打造一个更加栩栩如生的账号。

基于自媒体的账号定位模型，我们会明确账号的发展方向和主要目标受众。我们期望这个账号能实现怎样的功能？是传授教育知识、为观众提供娱乐，还是分享行业动态？我们打算涉足哪个领域？是引领时尚潮流、探索美食天地、解读科技前沿，还是其他某个特定领域？通过深入的赛道分析，我们可以锁定明确的内容定位。同时，受众兴趣分析将帮助我们准确把握目标受众的喜好与需求。

在完成这一系列分析之后，我们将利用提示词的方式，引导AI协助我们创造出独一无二的虚拟形象。这个形象将不仅符合我们的账号定位，更能在视觉上吸引观众，声音上打动人心，从而全面提升账号的吸引力和影响力。

#### 1. 如何用 AI 生成一个网红形象

首先，我们需要精心细化提示词，明确描绘出我们想要的人物形象和背景设定。这将涉及人物的外观特征、性格气质，以及所处的环境背景等多个方面。在有了这些详尽的描述之后，我们将运用Midjourney技术来生成这个AI形象。

在生成过程中，我们会进行细致的调整，以确保形象在后续视频中的表现更加逼真生动。这包括但不限于对人物的表情、动作和光影效果等进行微调。

此外，为了丰富视频素材，我们还将生成不同远近的场景。这些场景将涵盖各种视角和景别，从而为我们提供更多样化的视觉元素，使视频内容更加丰富多彩。

### 2. 如何让一个 AI 形象动起来

在成功创造出独具创意的网红形象之后，接下来的关键步骤是赋予其生动的动态效果。为此，我们深入研究了当前市场上各种主流的人像动画技术，并详细分析了它们的优缺点，以便我们能够做出更为明智的选择。

经过综合考量，我们将采用一种高效且表现力强的技术方案，来让网红形象活灵活现地动起来。此外，我们还将提供详尽的操作指南，指导大家如何一步步实现让网红形象开口说话的效果。通过我们的引领，你将能够轻松掌握这一技能，并让你的网红形象以更加生动有趣的方式与观众互动。

### 3. 如何用 AI 克隆声音

为了让网红形象更加完美，一个悦耳且具有辨识度的声音是不可或缺的。这里有3种方法为网红形象增添声音魅力：首先，可以选择平台自带的稳定音色，这些音色经过专业调试，能够满足大部分需求；其次，利用AI工具单独生成音频文件，再将这些文件导入数字人中，这样可以创造出更加丰富多样的声音效果；最后，还可以选择克隆自己的音色，为网红形象注入独一无二的个性魅力。

在确定了声音方案后，将结合之前步骤中筛选和组合的元素，使用提示词进行多次尝试和优化。这一过程旨在确保虚拟IP形象和具体内容的表达方式能够精准传达账号的差异化内容和独特价值。通过明确且差异化的内容定位，我们的账号将在激烈的社交媒体竞争中脱颖而出。

关于这一步骤的详细内容和操作指南，将在本书后文中进行深入阐述。我们将手把手教大家生成虚拟IP形象，直至完成一个栩栩如生、声音动人的网红形象。

## 3.1.3 选题

在这一关键步骤中，我们将深入探索如何借助先进的人工智能技术，发掘并打造出具有极高爆文潜力的选题。我们将详细介绍我们独家研发的AI关键词组建法，这一方法能够显著提升内容创作者在选题环节的成功率，助力产出爆款文章。

通过巧妙结合关键词词组的序列与大语言模型（如GPT-4）强大的文本生成能力，AI关键词组建法使内容创作者能够快速生成高质量、高吸引力的选题。这一方法在社交内容创作领域处于应用前沿，为创作者们提供了一个既高效又实用的工具。

想要深入了解并掌握AI关键词组建法的读者，可以参阅本书第6章的内容，我们提供了详细的方法指导、实用示例，以及四大选题提示词模板，帮助大家更好地运用这一方法，创作出更多优质的爆款内容。

在内容创作的过程中，选题环节无疑是指引方向、奠定基调的关键一步。一个精彩的选题，不仅能够触动目标受众的心弦，更蕴藏着成为爆款内容的巨大潜力。借助语言模型与关键词词组的巧妙组合，我们能够在选题时更加精准地把握时效与热点，从而提升内容的吸引力与传播效能。

AI关键词组建选题法，便是在这一背景下应运而生的强大工具，它涵盖以下4方面的内容。

- 品牌关键词：这些与品牌紧密相关的词汇，不仅凸显了品牌的核心价值与独特卖点，更是构建品牌认同感与忠诚度的基石。例如，"健康""有机"与"环保"，便可能是某个健康生活品牌的核心关键词。
- 平台趋势关键词：紧跟平台热潮，捕捉时下受众的兴趣焦点，是打造爆款内容的关键。这些关键词反映了当前流行文化与用户偏好的变迁，为创作者提供了源源不断的灵感源泉。
- 对标/竞品关键词：深入了解行业内的竞争态势与内容热点，有助于创作者在激烈的市场竞争中脱颖而出。通过对对标或竞品关键词的分析，我们能够洞察行业趋势，从而制订出更为精准的内容策略。
- 需求关键词：深入挖掘受众的真实需求与痛点，是创作有价值内容的基石。通过筛选与受众需求紧密相关的关键词序列，我们能够更加精准地满足他们的信息获取与娱乐需求。

经过上述步骤的精心筛选与沉淀，我们最终获得一组精练而有力的关键词序列。接下来，将这些关键词融入选题模型中，便能够打造出既吸引人又富有深度的内容。常用的选题模型包括前后对比模型、引发共鸣模型、AIDI模型以及故事叙述模型等，每一种模型都有其独特的魅力与适用场景。

在本书的第6章中，我们将对上述四大选题模板进行更为详尽的介绍与案例分析。通过掌握这一方法，创作者不仅能够显著提升创作效率，更能精准触达目标受众的心灵深处，从而提升内容的关注度、互动率以及整体传播效果。AI关键词组建选题法，让内容创作变得更加科学、高效与创意无限。

### 3.1.4 内容制作

在内容制作的流程中，我们会重点涉及3个核心环节：首先是利用AI技术生成脚本，通过语言模型打造出符合受众需求的精致脚本；其次，我们将介绍6种常用的脚本提示词模型，这些提示词是构建脚本框架的关键；最后，我们会探讨如何借助AI技术高效生成视频。关于为何选择语言模型来生成脚本，我们会在第6章中详细阐述。现在，让我们先简要概括这6个常用的脚本提示词模型，以及它们各自能满足的内容需求类型。

### 1. 常用的脚本提示词模型

以下是6个常用的脚本提示词模型及其简要介绍。

- 带货脚本：专为产品推广与销售而设计。通过精准描述产品的独特卖点、实际使用体验以及真实的用户反馈，有效激发观众的购买欲望。核心提示词包括产品名称、核心优势、使用场景及用户评价等。

- HERO模型：这是一种高度结构化的内容创作框架，在视频脚本和社交媒体内容中尤为适用。它通过引人入胜的开场（Hook）、与观众互动（Engage）、建立情感联系（Relate）和明确行动号召（Outcome）4个步骤，层层递进地引导观众，确保内容既吸引人又具有影响力。

- 故事叙述法：通过生动有趣的故事情节来传递信息和情感。这种方法通常围绕鲜明的角色、丰富的背景设定、紧张的冲突和高潮迭起的情节展开，最终揭示一个令人难忘的结局。提示词涉及角色特征、故事背景、主要冲突、情节高潮和最终结局等。

- 问题与解决法：首先抛出一个具体问题或日常困扰，然后详细展示如何通过特定产品或服务来有效解决这一问题。这种方法的提示词包括问题的具体描述、解决方案的详细步骤、产品的关键特点以及用户的使用体验等。

- 倒叙法：从故事的结局或某个成功的场景开始，逐步回溯并揭示导致这一结果的关键事件和过程。提示词主要包括最终结局、回溯的起点、关键事件以及转折点等，帮助观众以全新的视角理解整个故事。

- 情感驱动法：通过触动观众的情感来传递信息并激发他们的行动。这种方法通常利用感人至深的故事、激动人心的场景或强烈的情感共鸣来达到目的。提示词主要涉及特定的情感表达、共鸣点的挖掘、故事情节的构思以及行动呼吁的设计等。

### 2. 如何用 AI 生成视频

使用AI生成视频已成为一项颠覆性的技术，它能够通过文本、图片等多种输入方式，创造出丰富多彩的视频内容。这种技术极大地增强了内容创作的自由度和创新性，为创作者们带来了前所未有的便利。

以下是几种利用AI技术生成视频的常见方法。

- 基于文本的视频生成：用户只需输入一段描述文本，AI系统便能深入理解其中的内容和情感，自动选取或生成与之相契合的图像和场景。随后，这些元素被巧妙地编排成一段完整的视频，呈现用户所描述的画面和情境。

- 基于图像的视频生成：通过上传一系列图像，AI能够智能地分析它们之间的联系和逻辑顺序，进而生成一段连贯的视频片段。此外，AI还能根据图像内容自动添加过渡效果、背景音乐和解说文字，使原本静态的图像变得栩栩如生，形成引人入胜的视频故事。

- AI辅助的内容优化：在内容创作的各个环节中，AI技术都发挥着不可或缺的作用。从创意脚本的构思到视频的最终生成，AI工具能够根据用户输入的描述，智能地生成相应的视频片段。同时，用户还可以对生成的视频进行进一步的编辑和优化，如添加背景音乐、特效等，以提升视频的整体质量和观赏性。
- 快速修改与调整：内容生成后，AI工具还能帮助用户迅速进行修改和调整，确保内容的准确性和吸引力。例如，通过快速剪辑口播内容、去除多余的语气词、添加花字和特效等操作，使视频更加精简、专业且富有吸引力。

在本书的第7章中，我们将根据创作者的内容生产习惯，详细探讨如何利用AI技术生成视频。我们将把这一过程分为两个主要部分：一是生成小段的精准画面视频，包括文生视频和图生视频；二是根据脚本生成长视频。在这一章中，我们将提供具体的操作方法、生成内容的细节以及丰富的实例，帮助读者更好地掌握这一前沿技术。

### 3.1.5 内容上传

在内容上传这一关键环节中，我们着重探讨如何利用AI技术打造爆款标题和吸引人的视频封面。一个出色的标题是吸引受众点击和观看的敲门砖，而精美的视频封面则能进一步提升内容的吸引力。

首先，我们来说说如何用AI技术制作爆款标题。"爆款标题AI五步优化法"是我们结合先进ChatGPT独创的一种方法，旨在帮助创作者设计出能迅速抓住受众眼球的标题。具体步骤如下。

1. 确定表达方向：明确内容主旨，为标题搭建基础框架。
2. 关键词收集：利用AI工具深入剖析受众兴趣与搜索习惯，汇聚高频关键词。
3. 标题生成：运用GPT等语言模型，结合关键词，创造多个备选标题。
4. 情感优化：借助AI分析，挑选最能触动受众情感的标题选项。
5. 点击率预测：通过AI预测工具，评估并选出最具潜力的爆款标题。

为简化操作，我们还提供了五大标题提示词模板，包括故事开头、前后对比、引发共鸣、构建未来场景和反常识模板。这些模板以不同方式激发读者兴趣，如"从零到百万：普通人的逆袭之路"或"十年后的我们：科技将如何改变生活"。

接下来是视频封面的制作。在本书第8章中，我们详细介绍了如何运用各种技巧制作吸睛封面。一个成功的封面应具备哪些条件？我们根据经验和数据分析，总结出十大封面制作技巧。

- 利用左右对比突出亮点。
- 隐藏部分信息激发好奇心。
- 使用惊讶表情吸引点击。
- 添加不常见元素增加新意。
- 封面文字简短有力。
- 大数字制造视觉冲击力。

- 提出问题引发思考。
- 借助名人效应提升关注度。
- 展示震撼数量级。
- 清晰展示品牌标识增强认知度。

最后，回顾本章内容，我们系统地介绍了通过5个关键步骤——账号策划、账号定位、选题、内容制作和内容上传，如何借助AI技术进行高效社交内容创作与管理。掌握这些步骤和技巧，创作者将能更好地利用AI技术，提升内容质量，增强用户黏性，从而在激烈的市场竞争中脱颖而出。下一节中，我们将深入探讨AI社交内容的特点，帮助大家全面把握AI赋能下的内容创作新动向。

## 3.2 AI 社交内容的特点

### 3.2.1 更多创意与多样性

AI社交内容特指那些通过人工智能技术生成并优化的社交媒体内容。这类内容的创意性主要表现在视觉与听觉两大层面，即通过先进的AI技术为用户带来全新且引人入胜的视听体验。

**1. 视觉创意**

借助先进的AI工具，如Midjourney和DALL-E，我们能够根据文本描述生成高质量图像。这些图像能够巧妙融合不常见的元素，诸如拥有翅膀的大象、形似长颈鹿的建筑，乃至可以隐身的汽车等。AI将这些元素创造性地组合，打造出别具一格的视觉效果，从而极大地丰富了创意的可能性。对于品牌而言，这意味着能够通过AI视觉创意吸引更多目光。例如，时尚品牌可以通过输入"夏季潮流""复古风"等关键词，并结合外星模特的形象，快速生成主题鲜明的海报、宣传图以及外星模特服装效果图。这种方式不仅显著提升了设计效率，还保证了视觉效果的独特性和吸引力。

在探讨了AI在图像创意方面的应用后，让我们进一步想象AI视频所能带来的视觉震撼。与生成独特图像的逻辑相似，像Sora、Runway这样的视频生成工具也能根据我们的想象，创造出具有强烈视觉冲击力的视频内容，包括场景、角色和动作等。想象一下，一只蝴蝶变得巨大如楼，在下雨天穿梭于两栋高楼之间，为行人遮挡绵绵细雨；或者在火星与地球之间架设起铁路，一辆未来感十足的高铁在星球间飞驰。这些令人惊叹的视觉效果，如今都能通过AI文字生成视频的技术轻松实现。相较于传统的特效内容制作，这种方式无须复杂的场景搭建和建模过程，只需几分钟的调试即可生成，从而极大地提升了视觉创意的效率。

**2. 听觉创意**

如今，AI语音合成工具已屡见不鲜，诸如elevenlabs、genny等，它们都能将文本转化为自然流畅的语音。这些工具具备生成多种语音和语言风格的能力，从而满足各类场景的需求。想象一下，海豚的声音与人类语言相融合，或者用知名主持人的声音结合蜜蜂的嗡嗡声，创造出别具一格的音色。例如，播客制作团队可以利用AI语音合成技术，生成不同角色的对话，将人类、动物甚至自然声音融为一体，使节目内容更为丰富多彩。品牌方也能借助名人语音合成技术为广告配音，从而提升广告的吸引力和影响力。

除了语音领域，AI在音乐创作方面也展现出惊人的实力。AI不仅能自动进行音频处理，包括降噪、音效添加和音频剪辑，更能涉足歌曲创作。音乐制作人通过AI进行音频处理和混音，能够迅速生成高质量的音乐作品。与文字生成图片的逻辑相似，通过文字描述，AI也能创作出极具创意的音乐作品，将各种不常见的元素巧妙地融合在一起。

AI社交内容之所以具有多样性，主要归功于其利用AI技术生成和优化社交媒体内容的能力。这种多样性特别体现在生成不同人物角色和实现跨文化领域融合方面。AI为我们带来了全新的社交物种——个性化虚拟形象。借助AI工具如Midjourney和DALL-E，我们能够根据描述生成独特的虚拟人物。这些虚拟人物可以拥有多样的特征，如不同的性别、年龄、种族和风格。例如，一个健康品牌可以通过AI生成虚拟健身教练，无论是年轻活力的女性教练还是经验丰富的中年男性教练，都能轻松实现。更有趣的是，这些虚拟人物甚至可以拥有猩猩的身体和人类的脸庞。通过根据目标受众的喜好进行定制，这些富有创意且符合品牌风格的虚拟形象能够让观众眼前一亮，从而提升对品牌的好感度。

此外，AI还能结合不同文化和领域的元素，生成独具特色的角色。例如，将日本动漫与西方科幻元素相融合，创造出别具一格的角色形象。一个全球性的游戏公司可以利用AI生成融合多元文化元素的角色，如兼具日本武士精神与外星战士特质的角色，或者融合西方骑士与东方武术大师特点的角色。这种跨文化的角色设计能够吸引来自不同文化背景的玩家，增强游戏的吸引力。同样地，一个虚拟偶像公司可以利用AI生成虚拟偶像的表演视频，并根据不同文化调整表演风格和情感表达，使其更加贴近本土用户的期望。借助AI的多样性和创意性，社交内容能够更快速地生成，不仅提高了内容创作的效率，还丰富了内容的表现形式，使社交内容更加多样化和引人入胜。

### 3.2.2　高效的内容生产与管理

AI社交内容展现出更高效的内容与生产管理特性，这一优势主要体现在两个方面：首先是内容生产效率的显著提升；其次是精准的数据分析反馈。借助AI技术，社交内容的创作过程得以加速，同时，通过深入的数据洞察，内容的效果和优化方向也变得更加明确。这两个方面的结合，共同推动了AI社交内容在高效管理与生产方面的突出表现。

**1. 提升内容的生产效率**

自动化内容生成工具，诸如ChatGPT、Midjourney和DALL-E，能够迅速产出高质量的文本、图像和视频内容。这些工具通过深度分析海量数据并学习语言结构、视觉元素等，能够精准生成满足特定需求的内容。正如本书所阐述的，通过内容生产的环节，尤其是AI社交内容的黄金五步，我们可以高效产出准确且富有吸引力的选题，并基于这些选题快速生成脚本，进而制作出社交媒体视频与图文内容。与传统内容制作方式相比，AI社交内容显著降低了内容创作者的时间成本，提升了内容发布的速度和效率。

此外，AI在内容优化与编辑方面也展现出强大实力。它能够自动进行语法检查、风格调整以及视觉效果增强等操作。例如，Adobe的AI工具便能自动完成图像和视频的色彩校正、背景替换及细节增强，从而大幅提升内容的视觉吸引力。实际应用中，品牌借助AI工具自动优化产品图片，使产品展示更具魅力，有效提升了用户的购买欲望和转化率。

值得一提的是，AI社交内容在多语言内容生成方面也具备显著优势。它能够迅速生成多语言版本的内容，以满足全球化市场的需求。这一能力不仅助力内容创作者更快速地拓展国际市场，还通过丰富多样的内容提升了营销效率。

## 2. 数据分析与反馈

利用本书所提及的AI关键词组建的选题方法，我们能够洞察到一个核心逻辑：平台可以实时分析用户的行为数据，尤其是热点关键词。借助这种选题策略，品牌和内容创作者能够更精准地展开营销活动与推荐，从而提升内容的热度和点击率。同时，通过实时监控内容的表现，收集并分析用户互动数据，生成详尽的报告，内容创作者得以了解哪些内容受到用户的青睐，哪些内容有待改进。这种快速反馈机制使内容调整更为迅速，有效提升了用户的观看体验，并增强了用户对平台的黏性。

以某在线教育平台为例，该平台巧妙地运用AI技术来监控课程视频的观看情况，并收集社交媒体上的用户反馈。通过AI的深入分析，平台精准地识别出哪些课程章节最受欢迎，哪些章节需要改进。AI所生成的报告为课程设计者提供了有力的数据支持，帮助他们调整教学内容和方法。最终，课程的质量得到了显著提升，用户的学习效果也大为改善，用户满意度和留存率自然水涨船高。

再看一家全球旅游公司的案例，该公司利用AI技术生成了多语言的旅游指南和宣传视频。只需输入景点描述和关键词，AI便能迅速生成符合不同语言和文化背景的宣传内容，包括视频、图文以及社交媒体帖子。这一举措使该公司成功拓展了国际市场，提高了全球用户的参与度和满意度，进而带动了预订量的增长和销售业绩的提升。

某电商平台的案例同样令人印象深刻。该平台利用AI技术自动优化产品图片和广告内容。AI工具不仅能够自动进行产品图片的色彩校正、背景替换和细节增强，还能生成多个版本的广告文案进行A/B测试，从而选择出表现最佳的版本。这一系列操作显著提升了产品展示的效果，激发了用户的购买欲望，大大提高了转化率。同时，广告投放的效果也得到了优化，降低了营销成本。

综上所述，通过提升内容的生产效率并利用数据分析与反馈，AI社交内容在创作和管理方面展现出了显著的优势。AI不仅能够自动生成和优化内容，还能实时监控和分析内容的表现，为内容创作者提供了有力的支持。这些特点使AI社交内容在激烈的市场竞争中脱颖而出，能够更精准地触达目标受众，并提供更高质量的内容体验。接下来，将根据开篇介绍的内容制作的黄金五步法，详细阐述如何利用AI工具高效地完成从账号定位、账号策划、选题、内容制作到上传的每一个步骤。

# 第 4 章
# 如何利用 AI 策划一个成功的账号

## 4.1 用 AI 做策划的三个步骤

在信息化爆炸的数字时代，社交媒体账号不仅是个人发声和社交的平台，更成为企业宣传、品牌建设、客户互动及市场拓展的关键渠道。成功运营社交媒体账号对个人或企业而言，具有多重益处，可以概括为以下几点。

首先，社交媒体为个人提供了一个展示才华、专业知识和独特生活方式的窗口。这不仅有助于个人扩大社交圈，更能为职业发展和事业进步开辟新途径。例如，摄影师通过平台展示自己的作品，既能获得业界认可，也可能吸引潜在客户，进而拓展业务。

其次，对于企业来说，社交媒体账号是塑造品牌形象的关键。通过发布产品与服务信息，企业可与消费者直接互动，收集反馈并灵活调整市场策略。同时，成功的社交媒体营销能显著提升品牌知名度，吸引新客户并促进销售。

再者，社交媒体的互动性助力个人和企业与目标受众建立情感纽带。这种连接不仅能培养忠诚度，还能通过口碑效应将正面影响扩散至更广泛的社群和潜在客户中。此外，社交媒体还是一种高性价比的市场调研工具，企业可通过分析用户互动与反馈，获取消费者偏好和市场趋势的宝贵信息，以优化产品开发和市场定位。

在本章中，我们将深入探讨如何运用AI策划一个成功的社交媒体账号。策划是内容创作的前提，很多人过于看重流量而忽视策划的重要性。笔者认为，优质账号内容应具备明确导向，包括清晰的引流与变现目标。内容需要具有针对性，锁定特定受众，进行差异化分析，并明确针对的平台。

策划案有助于明确内容目标，如吸引特定受众、提升品牌知名度、增加用户互动或引导流量转化。通过策划案，可以有效规划资源、内容、时间，包括预算和团队成员职责等，确保内容生产与推广顺利进行。总之，全面细致的策划案能确保社交媒体内容创作有条不紊，为长期成功奠定基础。

下页上图展示了利用AI进行策划的3个核心步骤。

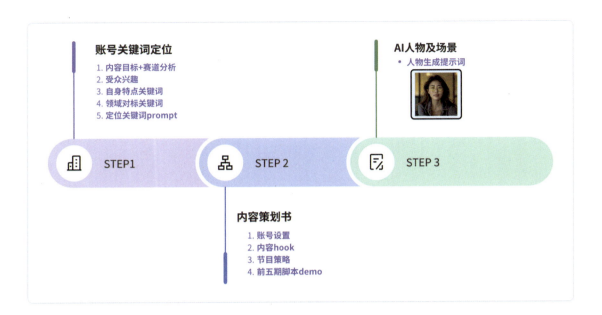

要打造一个成功的账号，我们需要遵循3个关键步骤。首先，就像我们选择职业时一样，要进行深入的调研。这包括分析我们意向的内容方向在所处领域是否具有优势，了解受众的兴趣点，以及评估我们自身的关键词是否与这些内容方向相契合。同时，我们还要观察领域中的头部账号和竞争对手，从而判断我们的内容方向是否具备可行性。在完成了这些分析之后，我们可以找出自身的关键词，并围绕这些关键词展开下一步的内容策划。

接下来，如果内容方向被证实是可行的，我们就要进入第二步：详细的内容策划。这涵盖了账号的各项设置，确定账号的内容形式，规划具体的节目内容，以及撰写前5~10期的脚本等。这一步的目的是确保我们的账号在内容上既有深度又有吸引力。

最后，来到第三步，我们需要选择合适的表达方式。这包括决定是使用AI数字人、卡通人还是真人来表达内容，以及确定内容的风格是干货型、幽默有趣型还是对话型等。选择合适的表达方式能够让我们的内容更加贴近受众，从而提升账号的吸引力。

账号的策划环节至关重要，一个优秀的策划能够为我们指明清晰的内容导向，帮助我们在细分领域中找到差异化。差异化正是我们实现快速成长的关键所在。在了解了这些流程之后，接下来将手把手地教大家如何利用AI来制订一个社交账号的方案策划。

## 4.2 自媒体账号定位模型

### 4.2.1 什么是账号定位模型

账号定位模型是一个通过五步关键词搜集法来提供实际帮助的工具，它确保社交媒体账号能够拥有明确且具有差异化的内容定位。在这个模型中，我们逐步寻找并整合一系列关键词序列，最终通过精心地组合与排列，形成有力的内容导向。

首先，深入分析内容目标和所在赛道，助力创作者洞察领域内的机遇，并据此明确账号的发展方向。

其次，深入挖掘受众兴趣，以确保内容能够紧密贴合目标人群的喜好，从而增强用户互动，并精准锁定受众关注的关键词。

接着，利用代表自身特点的关键词来展现独特价值，提升账号的辨识度，使其在众多账号中脱颖而出。

然后，深入研究领域内的对标账号，分析其成功经验，并提炼出关键词，为我们的差异化定位提供宝贵的参考和启示。

最后，经过多次的尝试与精心筛选，我们确定最终的定位关键词，并据此形成清晰、具有差异化的内容策略。

综上所述，账号定位模型为社交媒体账号的策划和内容创作提供了全面而详尽的指导，有效提升了账号的吸引力和成功概率。以下是笔者基于7年行业经验所研发的账号定位模型，详细列出了各个步骤和内容要点，以供参考。

## 1. 内容目标 + 赛道分析

你期望通过这一内容达成何种目的？是传授教育知识、为观众带来娱乐享受，还是提供行业资讯？为了精准定位领域内的机遇，建议你利用搜索工具查找该赛道的相关报告数据，并借助GPT这一语言模型的力量，进行深入分析与挖掘。通过这样的方式，你将能够更有效地把握潜在机会，为内容的策划与创作奠定坚实基础。

## 2. 受众兴趣

深入了解你的受众是至关重要的。你需要明确你的内容主要面向哪个年龄段、具有哪些兴趣或来自哪些地区的人群。通过洞察他们的偏好和需求，你可以更加精准地根据目标用户群体的兴趣来确定一系列关键词。这样，你的内容将更加贴近受众，从而提高吸引力和影响力。

## 3. 自身特点关键词

自身特点关键词指的是那些能够精准描绘一个人独特属性、鲜明特质及显著优势的词汇或短语。这些关键词不仅有助于迅速且清晰地传达你的独特价值和能力，还能让目标受众快速把握你的核心特点，从而形成深刻印象。为了准备这些关键词，你可以从职业技能、个人品质、过往成就与证书以及专业领域等多个维度进行提炼和总结。

## 4. 领域对标关键词

为了进一步提升账号定位，我们需要积极搜罗并分析对标账号。通过深入研究这些成功账号，我们可以提取其快速成长的关键词，为接下来的差异化定位做充分准备。在这一过程中，也可以借助语言模型的强大功能，比如输入对标账号的爆款内容链接，让ChatGPT帮助我们总结提炼出关键的成功要素和词汇。这样，我们将能够更精准地把握市场动态，为自身账号的发展奠定坚实基础。

### 5. 定位关键词

为了精确定位账号的差异化内容，我们需要按照模型中的每一步骤进行操作，抓取相关的关键词组。这些关键词组将被分别填入固定的提示词中，以便我们进行多次尝试与筛选。通过这一过程，能够最终筛选出那些最能体现账号差异化内容定位的关键词。接下来，将具体拆解定位关键词的提示词，并详细指导你如何从赛道分析开始，逐步完成这一操作过程。

## 4.2.2 内容目标+赛道分析

如何借助赛道分析明确内容目标？

在策划社交媒体账号的过程中，赛道分析是不可或缺的一环，它有助于我们确立清晰的内容目标。通过深入分析所选赛道中的当前趋势、热门议题及用户兴趣点，可以洞察受众的偏好与需求，从而精准定位内容方向。例如，若时尚领域中复古风潮正盛，将复古元素融入内容便是一个明智的选择。

此外，利用行业数据研究报告是一个高效且实用的方法。这些报告通常汇聚了大量宝贵信息，能够帮助我们快速把握市场动态。比如，在策划疗愈领域的账号时，面对睡眠疗愈、芳香疗愈、灵性疗愈、减压疗愈等众多方向，我们可能会感到迷茫。此时，借助行业报告与ChatGPT等先进工具，输入相关提示词进行分析，便能为我们指明方向，助力我们筛选出最适合的内容目标。

> **提示词**
> 
> 你现在是专业分析师，详细阅读以上两份疗愈行业报告内容，预测未来一两年用户增长快、市场大、机会多的疗愈细分方向，并给出具体数据。

向ChatGPT提问如下图所示。

经过ChatGPT的深入分析和研究报告的细致解读，我们得出了两个最具潜力的疗愈细分方向。首先是睡眠障碍解决方案，即睡眠疗愈领域。随着现代生活压力的增加，越来越多的人面临睡眠问题，因此对高效、科学的睡眠疗愈方法的需求日益迫切。另一个潜力巨大的方向是工作减压领域，即工作减压疗愈。在快节奏的工作环境中，人们普遍承受着沉重的心理压力，如何有效缓解工作压力、提升工作效率和幸福感，已成为众多职场人士关注的焦点。接下来，我们将深入探讨这两个方向的具体内容和市场潜力。

## 1. 睡眠疗愈

据报告分析，随着现代生活节奏的加快，人们对睡眠的重要性日益关注。然而，睡眠障碍已逐渐成为普遍存在的问题，这使市场需求急剧增长。在这一背景下，助眠产品市场迎来了快速发展的契机。特别是智能床垫和家居等相关产品，它们凭借对健康睡眠需求的精准满足，受到了用户的热烈欢迎。

展望未来一至两年，我们预计睡眠障碍解决方案市场将继续保持迅猛的增长势头。其中，助眠产品和智能床垫领域有望涌现出更多的创新元素和发展机遇。科技的持续进步和消费者需求的日益多样化，将共同推动市场向更高质量、更个性化的睡眠解决方案迈进。

同时，内容营销和社交媒体平台的运用将成为扩大市场覆盖和提升品牌影响力的关键手段。通过与用户的深度互动，我们不仅能够更精准地把握市场需求，还能有效提升用户对产品的认知度和信任感，从而进一步巩固和拓展市场份额。

ChatGPT提供的结果如下图所示。

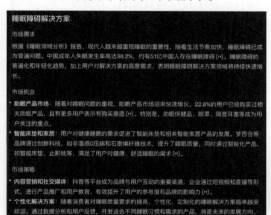

## 2. 工作减压疗愈

未来一至两年的预测显示，随着人们对心理健康的重视日益提高，以及工作压力的持续存在，寻求减压方法的用户数量将持续上升。特别是职场中的年轻人和中高管，他们对工作减压疗愈的需求尤为迫切。因此，工作减压疗愈市场将展现出巨大的潜力。

我们预计，该市场规模将以年均15%以上的速度增长。这一增长主要由几个关键领域驱动：在线心理健康服务、个性化减压产品以及与健康生活方式相关的服务。这些领域不仅满足了消费者对于便捷、个性化服务的需求，也体现了科技与健康产业的深度融合。

综上所述，工作减压领域在未来一至两年内将迎来显著的增长。特别是在心理健康服务、个性化减压产品以及科技与健康服务的融合方面，将涌现出大量的市场机遇。对于企业和服务提供者来说，密切关注消费者的个性化和多样化需求，通过科技创新和服务优化来把握这些机遇，将是取得市场领先地位的关键。

ChatGPT提供的结果如下图所示。

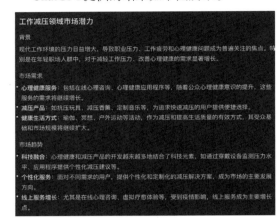

我们再次请求ChatGPT为我们提供方向选择上的建议，以帮助我们在睡眠障碍解决方案（睡眠疗愈）和工作减压领域（工作减压疗愈）这两个潜力方向中做出最优选择。

> 提示词
>
> 你现在是社交媒体专家，根据你以上的调研结果，帮我选择一个方向。如果我做一个社交媒体小红书的账号，上传疗愈类型的视频，通过每天分享一个几分钟的疗愈小视频，让人们更快乐轻松或者帮助睡眠。你觉得哪个方向，（1）睡眠疗愈，（2）工作减压疗愈，更有快速增加关注人数的潜力？

向ChatGPT提问如下图所示。

根据ChatGPT的最终分析，考虑到小红书平台用户对新鲜、实用信息的强烈需求以及社区内活跃的讨论氛围，选择工作减压疗愈作为发展方向可能会成为一个差异化的新颖选择。这一方向不仅有助于我们迅速吸引并积累目标受众，还能使我们在这一细分市场中脱颖而出，逐步建立起领导地位。因此，我们将聚焦于工作减压疗愈领域，致力于为用户提供独特且有价值的内容和服务。

ChatGPT提供的结果如下页上图所示。

在已经找到相关行业报告的基础上，我们整个分析过程仅用了大约20分钟。相比以前需要花费两天时间来进行深入研究，现在在语言模型的协助下，我们的效率得到了显著提升，不到半小时就完成了全部分析工作。最终，在ChatGPT的辅助和多维度的综合分析下，我们决定选择工作减压疗愈作为发展方向。

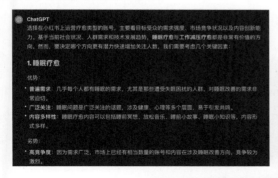

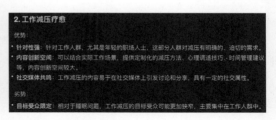

至此，账号定位模型的第一步——通过赛道分析定位内容目标，已经顺利完成。我们明确了自己的内容目标和方向：每天分享一个疗愈小视频，旨在帮助都市中承受巨大工作压力的人群减轻负担，提升他们的快乐指数，进而增强幸福感。

### 4.2.3 受众兴趣

接下来，我们进入账号定位模型的第二步——深入了解我们的受众。为了真正与用户产生共鸣和互动，必须找出受众感兴趣的关键词。在确定了内容方向为工作减压疗愈后，我们将具体研究目标受众，包括他们所属的年龄段、兴趣点以及所在地区。通过深入了解他们的偏好和需求，我们将能够更精准地根据目标用户群体的兴趣来确定一系列关键词。这些关键词将成为我们内容创作的核心，有助于吸引并留住目标受众的注意力。

**1. 分析受众数据**

要深入了解受众，你可以借助社交媒体分析工具如巨量引擎、千瓜等，如果你在YouTube上运营，那么可以利用Google Analytics或网站后台的统计数据。通过这些工具，你可以获取关于用户年龄、地理位置、行为偏好等方面的宝贵数据。分析这些数据将帮助你洞察受众的兴趣领域，从而发现那些能够精准触达他们内心的潜在关键词。这些关键词不仅是你内容创作的灵感来源，更是与受众建立深度连接的关键所在。

**2. 社交媒体监测**

借助社交媒体监测工具或直接观察热门社交媒体平台上的热议话题和讨论，我们可以洞察受众当前感兴趣的主题和流行趋势。同时，通过仔细查看相关的标签、用户评论以及讨论内容，我们能够提炼出潜在的关键词。这些关键词不仅反映了受众的实时兴趣和需求，也为我们提供了内容创作的方向和灵感。

### 3. 关键字调研工具

利用关键词调研工具，如5118、Google Keyword Planner、Ahrefs或SEMrush，我们可以精准地找出与工作减压疗愈领域及目标受众紧密相关的高搜索量且竞争度相对较低的关键词。这些关键词不仅能够帮助我们优化内容策略，提升在搜索引擎中的排名，还能更有效地吸引到潜在受众，从而实现内容的最大化曝光和影响力的提升。

### 4. 调查问卷和访谈

为了更深入地了解目标受众的兴趣和需求，我们可以创建一份有针对性的调查问卷。通过这份问卷，我们可以直接询问受众对哪些话题最感兴趣，或者在与他们进行聊天和访谈的过程中，深入了解他们的想法和需求。这种方式不仅能够帮助我们更精准地把握受众的脉搏，还能为我们的内容创作提供有力的指导和依据。

### 5. 在线论坛和社区

通过积极参与行业相关的论坛和在线社区，我们能够及时发现人们经常讨论的问题和热门话题。在这些平台上，既可以主动提问以获取更多信息，也可以关注用户间的讨论，从中洞察潜在的关键词。这些关键词是受众兴趣的直观体现，对我们精准定位内容至关重要。

为了更高效地找到这些关键词，我们使用了关键词分析工具。通过这些工具的专业分析，我们能够迅速掌握工作减压疗愈领域内用户关注的核心词汇。这些关键词不仅为我们提供了内容创作的方向，更是连接我们与受众的桥梁，有助于我们更深入地理解他们的需求并与之产生共鸣。

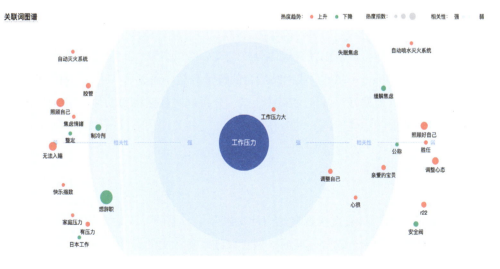

通过上页下图我们可以清晰地看到，红色代表热度上升，绿色则代表热度下降。在对这些数据进行总结后，我们筛选出了以下上升的关键词。

对于我们的目标受众，主要集中在一二线城市，对健康生活和疗愈感兴趣的白领人士，他们的兴趣关键词如下。

- #工作压力大
- #调整自己
- #失眠焦虑
- #照顾自己
- #无法入睡
- #想辞职
- #调整心态

这些关键词不仅为我们账号的定位提供了基础参考，还将在未来的内容选题中为我们指明方向，激发创作灵感。因此，准确把握受众的兴趣关键词至关重要，我们需要定期查询以跟上受众关注点的变化。同时，我们也要意识到受众的关键词具有周期性，会随着热点和时事的变化而有所调整。

在确定了受众关键词后，下一步我们将探寻与自身特点相契合的关键词，以便更好地塑造品牌形象和内容特色。

### 4.2.4 自身特点关键词

来到账号定位模型的第三步，我们关注的是自身特点关键词。这些关键词是描述个人独特属性、特质与优势的精准词汇或短语，它们能够清晰、迅速地传达出你的独特价值和能力，从而让目标受众快速理解并铭记于心。

在账号定位模型中，精准汇总自身特点关键词显得尤为关键。这不仅能够帮助账号明确其独特定位，还能迅速吸引目标受众的注意力。通过精心挑选的这些关键词，账号可以在竞争激烈的社交媒体市场中独树一帜，充分展示其与竞争对手的差异化优势。

这些关键词不仅为内容创作指明了明确方向，确保所产出的内容与账号定位高度契合，更有助于账号在长期运营中保持统一、连贯的品牌形象。

总的来说，自身特点关键词在账号定位中扮演着举足轻重的角色，它们能够精准地界定账号定位、有效吸引目标受众、优化内容创作，并助力构建长期稳定的运营策略。掌握并准确运用这些关键词，将能够充分传达你的独特价值和能力，使目标受众能够迅速理解并深刻记住你。

为了找到这些关键的自身特点词汇，可以尝试以下方法。

- 自我反思：详细列出你的专业技能、个性特质、取得的成就和持有的证书，深入思考它们在个人成长和职业生涯中起到了哪些作用。试着概括出哪些特质或技能最能够精准地描绘出你独特的个人品牌。

- 同事和朋友反馈：向同事、朋友或客户征询意见，了解他们认为你身上有哪些独树一帜的特质。这样的外部观点可以为你带来新的启发，帮助你发掘自己尚未意识到的优势。
- 职业技能：详尽地罗列出你在工作中所掌握的技术、工具和知识，例如特定的编程语言、项目管理方法或市场营销策略等。职业发展方面，深入思考哪些技能对你的职业发展起到了关键作用，以及哪些技能使你在团队中显得出类拔萃。进一步，将这些技能与同事或行业内的普遍水平进行对比，找出你具有的显著优势。
- 专业领域：认真思考你在哪些领域拥有深厚的专业知识或独特的技能，并关注自己是否在行业内获得了一定的认可或权威性，比如通过发表专业文章、进行公开演讲或其他形式的贡献来体现。如果你还具备跨领域的技能或知识，那么这些也可以作为你的重要特色来加以强调。
- 成就和证书：系统列出你在职业生涯中所取得的重要成就、奖项和荣誉，同时整理出你所获得的相关专业证书。这些成就和证书不仅能够有效证明你的专业能力，还能够向外界清晰地传达出你的专业知识和实力。
- 个人兴趣和爱好：探寻与你的兴趣和爱好相关的关键词，这些关键词可能蕴藏着你的创意、热情以及独特观点。利用这些关键词，你可以打造出别具一格的个人品牌形象。
- 个人品质：深入反思哪些个人特质在你的职业和生活中发挥了积极作用，例如创造力、领导力或出色的沟通技巧等。你可以向身边的同事、朋友或家人寻求反馈，了解他们对你这些品质的真实看法。同时，结合具体的工作或生活实例，详细阐述这些品质是如何帮助你取得成功的。
- 行业标准和趋势：关注你所在领域的职位描述和行业报告，了解行业内对技能和特质的普遍要求以及最新趋势。通过这些信息，可以找到与你的专业和领域高度契合的关键词，从而更好地定位自己。

经过深思熟虑，针对我们即将打造的减压疗愈方向社交账号，精心提炼出了以下自身特点关键词。

- #掌握前沿健康资讯
- #专业认证营养师
- #健康生活热衷者

这些关键词精准地描绘了账号主人的专业背景、对最新健康信息的敏锐洞察，以及对健康生活的无限热爱。通过这样的定位，我们相信能够吸引更多志同道合的朋友，共同探索健康生活的奥秘。

### 4.2.5 领域对标关键词

领域对标关键词在账号定位模型中占据着举足轻重的地位。我们无须过多强调了解竞争对手的重要性。深入研究他们的策略和定位，不仅能够洞察市场中尚未被满足的需求，还能发掘出差异化的定位机遇，从而助力我们在激烈的市场竞争中脱颖而出。同时，通过汲取他们的成功经验，我们可以更高效地规避风险，整合出更为有效的策略。观察他们与用户的互动，也能为我们提供更精准的用户需求洞察，为打造更优质的内容奠定坚实基础。总的来说，深入了解竞争对标账号，是我们制定出更为完善的社交内容策略，并在竞争中持续保持优势的关键所在。

为了更精准地找到领域内的关键影响力人物或内容，并从中提炼出核心关键词，我们需要关注那些已经取得成功的内容。这些内容之所以受到欢迎，必然有其独特的关注点。我们的任务就是要捕捉这些关注点，通过学习、寻找差异化，甚至力求超越，来明确我们自身的定位。只有这样，我们才能更清晰地认识到自己的坐标点，从而制订出更为明确的目标和方向。

在这一过程中，我们也为下一步寻找差异化定位账号关键词做好了充分的准备。这里分享一个简单实用的方法：我们可以直接将相关链接、爆款视频等内容提供给ChatGPT，利用其强大的分析能力，帮助我们迅速总结出成功的关键词。在提问时，可以参考以下提示词。

> **提示词**
> 阅读此链接里的内容《视频或文本标题》，总结3~5个她能引起人关注的关键词。

向ChatGPT提问如下图所示。

经过ChatGPT对我们指定的对标账号内容进行深入分析后，以下是提炼出的对标账号关键词。

- 内在连接：借助冥想，实现与内在能量的深度沟通。
- 呼吸练习：运用呼吸技巧，达成身心的和谐放松与内在连接。
- 感激之情：对生活中的点滴美好保持感恩，珍视每一刻。
- 积极"咒语"：不断重复积极向上的"咒语"，以此激发并增强内心的正面能量。
- 新的开始：视每一天为全新的起点，抓住每一个展现自我的机会。

现在，请你依照相同的方法，选取3~5个对标账号，并请ChatGPT协助整理出这些账号的核心关键词。

## 4.3 用AI做"人设"关键词定位

到底什么是"人设"关键词呢？

"人设"，即人物设定或角色设定的简称，这一概念广泛应用于社交媒体、影视作品及广告等多个领域。它主要用于精准地描绘和塑造某个角色的性格特质、行为模式以及外在形象。在品牌营销或个人品牌塑造的语境中，"人设"特指为吸引目标受众而精心打造的一组特定形象或身份标签。

从专业角度来看，"人设"关键词涵盖以下几个方面：首先是性格特征，它描述了角色的核心性格特点，如善良、幽默、睿智或严肃等，这些特征往往构成用户或观众对该角色的初步印象。其次是行为方式，指的是角色或品牌所展现出的典型行为和处事风格。例如，一个被设定为"冒险家"的角色，其行为方式通常表现为大胆而积极。再者是外在形象，这涉及角色的外观和装扮风格，包括衣着、发型和妆容等，旨在强化角色的特定属性。最后是定位和故事背景，它们共同构成了"人设"的基础框架，确保角色在与其他角色互动或面向受众时保持一致性和可信度。

那么，"人设"究竟有何作用呢？

在影视作品中，编剧和导演借助"人设"来塑造鲜明且连贯的角色个性，从而推动剧情的发展。在社交媒体领域，"人设"则成为品牌或个人与目标受众有效互动的桥梁，有助于形成独特的、易于识别的品牌或个人形象。而在营销活动中，品牌通过构建符合受众期待和品牌核心价值的"人设"，能够进一步加深与客户的情感联系，进而提高品牌忠诚度。

### 4.3.1 "人设"关键词定位的提示词模板

根据社交账号定位模型的前几步分析，我们已经明确了内容目标和方向：每日分享一则疗愈小视频，旨在帮助身处都市、承受巨大工作压力的人群缓解压力、提升快乐指数，进而增进他们的幸福感。

在深入分析受众兴趣后，我们提炼出以下关键词，它们精准地反映了目标受众——一二线城市中对健康生活与疗愈方式感兴趣的白领人士的内心需求和关注焦点。

- #工作压力大
- #寻求调整
- #失眠与焦虑
- #自我关爱
- #睡眠障碍
- #职业困惑
- #心态调整

同时，我们也总结了账号主人的自身特点，并以关键词形式呈现，凸显其作为一位认证营养师的专业性和对健康生活的热情。

- #掌握前沿健康资讯
- #专业认证营养师
- #健康生活倡导者

此外，通过对对标账号的分析，我们捕捉到一系列有价值的关键词，它们体现了对标账号在疗愈领域的核心内容和特色。

- #内在连接：借助冥想触摸内在力量

- #呼吸练习：深呼吸，放松身心
- #感激生活：对生命中的点滴心怀感激
- #积极咒语：重复正向话语，激发内在正能量
- #每日新开始：把握每一天，视其为新起点和机遇

现在，我们将这些关键词融入"人设"关键词定位模板中，以构建出更加鲜明、具有吸引力的"人设"形象。请注意，以下模板中红色部分已根据我们的搜索结果进行了相应填写。

> "人设"关键词定位提示词
> 
> 你是专业的社交媒体策划专家，做一个小红书博主的账号的"人设"关键词定位。
> 
> 账号的赛道是疗愈领域，内容目标是：通过每天分享一个疗愈小视频，帮助都市工作压力大人群减轻压力提升快乐指数，从而提升幸福感。
> 
> 请针对受众群体的兴趣：一二线城市对健康生活/疗愈感兴趣的白领人士：#工作压力大、#调整自己、#失眠焦虑、#照顾自己、#无法入睡、#想辞职、#调整心态
> 
> 并结合以下作者自身特点：#掌握最新的健康资讯、#认证营养师、#健康生活发烧友
> 
> 参考领域成功案例的关键词：#内在连接、# 呼吸练习、#感激之情、#积极咒语、#新的开始、# 有意图的行动
> 
> 找出创作者的差异化内容定位关键词，给出3~5组"人设"关键词，并解释为什么。
> 
> 举例：
> 1. 营养学女博士
> 2. 穿着前卫、礼貌有趣、方法新颖
> 3. 最新国际视野

经过细致的整理与筛选，我们将所有抓取出的关键词进行了分组和精练。为了确保内容的差异化定位，我们剔除了重复词汇，并将相似概念合并为更具代表性的词组。以下是整理后的关键词分组，并已按照顺序填入提示词模板，准备输入到ChatGPT语言模型中进行进一步分析。

### 4.3.2 最终"人设"关键词展示

最终，我们精心提炼出以下"人设"关键词，它们共同描绘出一个立体且富有吸引力的形象：都市疗愈先锋、生活方式革新家、心灵营养师、自我关爱实践家以及现代禅修指导者。这些关键词不仅凸显了我们在都市疗愈领域的引领作用，还展示了我们对健康生活方式的深刻理解和持续创新的精神。同时，它们也传达出我们致力于滋养心灵、倡导自我关爱以及提供现代禅修指导的坚定信念。

ChatGPT提供的结果如下页上图所示。

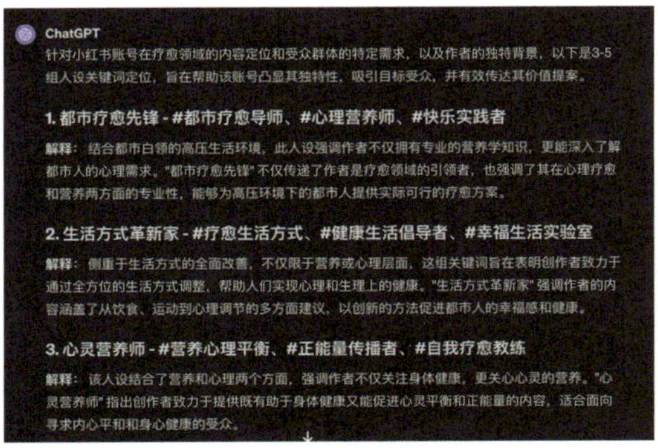

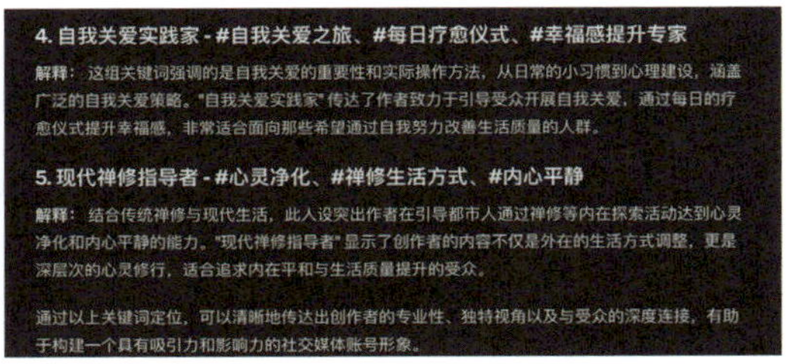

经过深思熟虑，我们最终选定了"都市疗愈先锋"与"自我关爱实践家"这两个标签，它们精准地反映了我们的核心定位与理念。

### 都市疗愈先锋

- #都市疗愈导师
- #心理营养师
- #快乐实践者

解释：考虑到都市白领所面临的高压生活环境，这一"人设"凸显了账号主人不仅具备深厚的营养学专业知识，更能深刻洞察都市人群的心理需求。"都市疗愈先锋"这一标签，既彰显了账号主人在疗愈领域的领先地位，也强调了其在心理疗愈与营养指导方面的双重专业性。账号主人致力于为身处高压环境的都市人提供切实有效的疗愈方案，助力他们重拾快乐与平衡。

### 自我关爱实践家

- #自我关爱之旅
- #每日疗愈仪式
- #幸福感提升专家

解释：这组关键词聚焦于自我关爱的重要性与具体实施方法，从日常的小习惯到深层的心理建设，涵盖了全方位的自我关爱策略。"自我关爱实践家"这一标签，传达了账号主人致力于引领受众开启自我关爱之旅，通过日常的疗愈仪式来提升幸福感。这一"人设"非常适合那些渴望通过自我努力来提高生活质量、追求更高幸福感的人群。

在综合考量后，我们进一步提炼出以下3个核心人物定位关键词。

- #都市疗愈先锋
- #每日疗愈仪式
- #快乐实践导师

将这些关键词填入账号定位模型中，一个清晰、具有差异化的账号定位关键词便跃然纸上。这一定位将为我们后续的内容创作与传播提供明确的指导方向。

| 账号定位模型 |
| --- |
| 1. 内容目标+赛道分析<br>你希望通过这个内容实现什么？是提供教育内容、娱乐观众，还是业务资讯？<br>搜索此赛道的报告数据，定位机会。 |
| 举例：通过每天分享一个疗愈小视频，帮助都市工作压力大的人群减轻压力，提升快乐指数，从而提升幸福感。 |
| 2. 受众兴趣<br>了解受众：你的内容面向哪个年龄段、兴趣或者地区的人群？了解他们的偏好和需求，再根据目标用户群体的兴趣，确定一些关键词。 |
| 举例：一二线城市对健康生活/疗愈感兴趣的白领人士。<br>#工作压力大<br>#调整自己<br>#失眠焦虑<br>#照顾自己<br>#无法入睡<br>#想辞职<br>#调整心态 |
| 3. 自身特点关键词<br>自身特点关键词是指用来描述一个人独特属性、特质和优势的词汇或短语。这些关键词有助于清晰、快速地传达你独一无二的价值和能力，使目标受众能够迅速理解和记住。可以从职业技能、个人品质、成就和证书、专业领域等几个方面准备。 |
| 举例：<br>#掌握最新的健康资讯<br>#认证营养师<br>#健康生活发烧友 |
| 4. 领域对标关键词<br>搜索对标账号，并吸取对标账号快速成长的关键词，为下一步差异化定位账号关键词作准备。 |

| 对标账号 | 关键词吸取 |
|---|---|
| Boho Beautiful Yoga<br>@bohobeautiful · 290万位订阅者 · 604 个视频<br>Free yoga videos for the digital yogi. | #内在连接<br>#呼吸练习<br>#感激之情<br>#积极咒语<br>#新的开始 |
| Goodful<br>@Goodful · 159万位订阅者 · 962 个视频<br>Goodful | #自我优先<br>#呼吸关注<br>#正面情绪<br>#有意图的行动<br>#感恩与放松 |
| Naturaleza Viva<br>@naturaleza-viva · 51万位订阅者 · 121 个视频 | #长时长<br>#自然声音<br>#白噪声<br>#真实 |

5. 定位关键词

结合以上抓取的关键词，分别填入下面的关键词中，导出账号的关键词定位。

举例：
#都市疗愈先锋
#每日疗愈仪式
#快乐实践导师

## 4.4 用 AI 结合关键词制作具体内容策划书

### 4.4.1 内容策划书模型

在完成了"人设"关键词的定位后，接下来将根据这些关键词全面规划社交媒体内容。一份完整的社交媒体内容策划应涵盖以下几个核心要素。

(1) 账号设置

- 账号名称：需要简洁明了，与"人设"关键词紧密相关，便于用户记忆与搜索。
- 简介：精练阐述账号定位与核心价值，突出"人设"特点，吸引目标受众。
- 关键词：融入已定位的"人设"关键词，提升账号在搜索引擎中的可见度。
- 更新频率：设定稳定的更新计划，保持账号的活跃度，满足粉丝期待。

(2) 内容Hook（吸引人的东西）
- 粉丝吸引力：明确哪些元素能够吸引粉丝关注，如独特视角、实用技巧或情感共鸣点。
- 内容结构：设计吸引人的开场、高潮与结尾，确保每期内容都能给人留下深刻印象。

(3) 节目策略
- 栏目规划：围绕"人设"关键词，设计多样化的栏目，满足不同类型粉丝的需求。
- 内容形式：结合账号定位，选择适合的视频、图文或直播等形式进行内容展现。

(4) 前5期脚本Demo（小样）
- 脚本内容：详细撰写前5期节目的脚本，包括主题、节目流程、亮点设置等，确保内容质量。
- 用户互动：在脚本中预留互动环节，提升粉丝参与度，增强账号黏性。

(5) 阶段性目标
- 数据分析：定期分析账号数据，了解粉丝喜好与行为习惯，为内容优化提供依据。
- 变现目标：设定明确的年/半年/季度变现目标，合理规划商业合作与广告植入。
- 内容优化：根据用户反馈与数据表现，不断调整内容策略与运营方式，提升用户体验。
- 粉丝增长：设定具体的粉丝增长目标，如测试周期内达到某平台3万粉丝等。

(6) 推广测试
- 推广渠道：选择合适的推广方式，如广告投放、合作推广或口碑营销等，提高账号曝光率。
- 目标用户群体：精准定位目标用户，确保推广资源的高效利用与转化效果的最大化。

接下来，将根据这份内容策划书模型的要求，把先前定位的"人设"关键词输入提示词中，利用ChatGPT生成详细的内容策划方案。然后，我们将从生成的方案中摘取关键信息，填充到这份内容策划书（下页上图所示）的各个部分，从而形成一个完整、系统的社交媒体内容策划案。

| 「xx账号」内容计划书 | | | |
|---|---|---|---|
| 规划何时制作和发布视频，保持一致的更新频率 | | | |
| **账号设置** | **内容hook** | **节目策略** | **前五期脚本demo** |
| 账号名称、简介、关键词 | 吸引观众的钩子 | 账号包含的栏目 | 详细的前五期视频脚本 |
| 更新频率 | 可以表现在素材和内容结构等 | | |
| | | 例： | |
| | | #有关AI最近又发生了啥# | |
| | | #AI资讯# | |
| | | #AI营销# | |

**阶段性目标**
根据数据分析和用户反馈，设定年/半年/季度变现目标，及季度优化内容策略和运营方式，提升用户体验和黏性，巩固细分领域专业关键词

举例：
测试周期为1个季度
45条视频/xx平台3w粉

**推广测试**
通过何种渠道进行推广，如投流、口碑营销等，吸引目标用户群体的关注，提高曝光率和影响力。

### 4.4.2 策划方案提示词模板

这是根据上面内容策划书结构制作的提示词模板，包含如下各项策划细节。

- 账号设置。
- 内容Hook。
- 节目策略。
- 前5期脚本Demo。

红色的部分需要根据自己的实际情况进行填写，类似完形填空的方式。只需根据我们已准备好的内容目标、"人设"关键词，逐一对应补充即可。

> **策划方案提示词**
>
> 你是专业的社交媒体策划专家，写一份小红书博主的账号内容策划方案，账号的赛道是疗愈领域，内容目标是通过每天分享一个疗愈小视频，帮助都市工作压力大的人群减轻压力，提升快乐指数，从而提升幸福感。
>
> 请针对以下人物关键词：#都市疗愈先锋 #每日疗愈仪式 #快乐实践导师
>
> 做一个500~1000字的账号策划方案，要求包括以下结构。
>
> （1）社交媒体账号的名称。
> （2）社交账号简介：从利他性的角度给出粉丝为什么要关注这个账号。
> （3）内容Hook：吸引观众的钩子，可以表现在素材使用和内容结构等。
> （4）场景策划：根据关键词进行人物服装、表达方法和视频背景的策划。
> （5）栏目名称：3~5个。

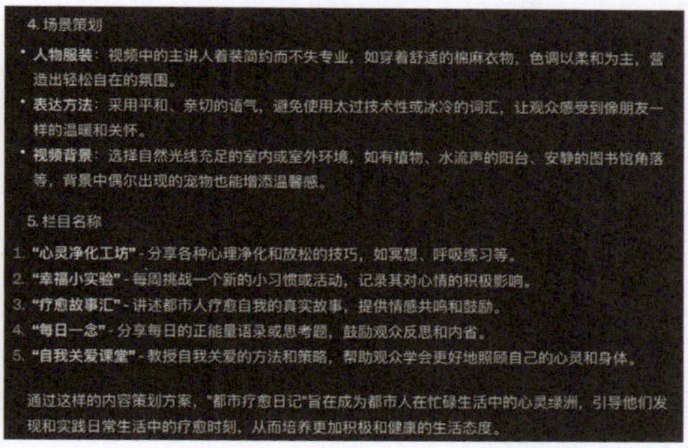

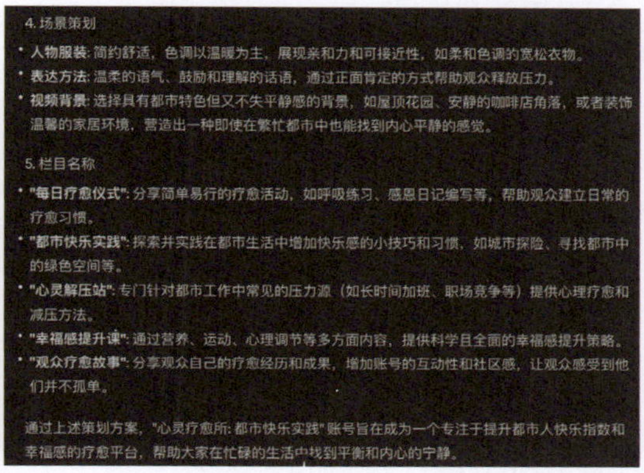

下图这是ChatGPT给到的两套最终内容策划方案。

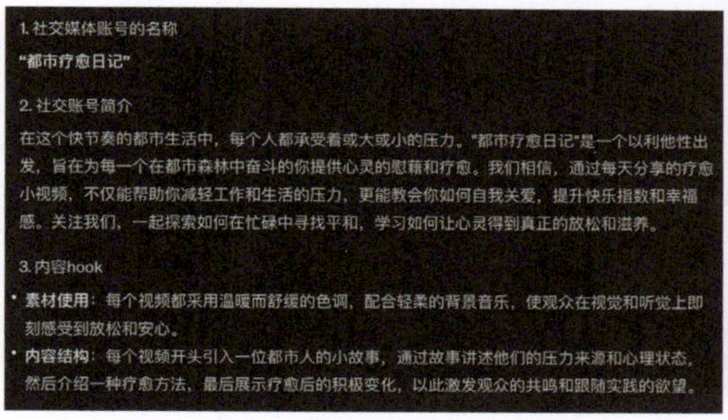

策划案1：都市疗愈日记

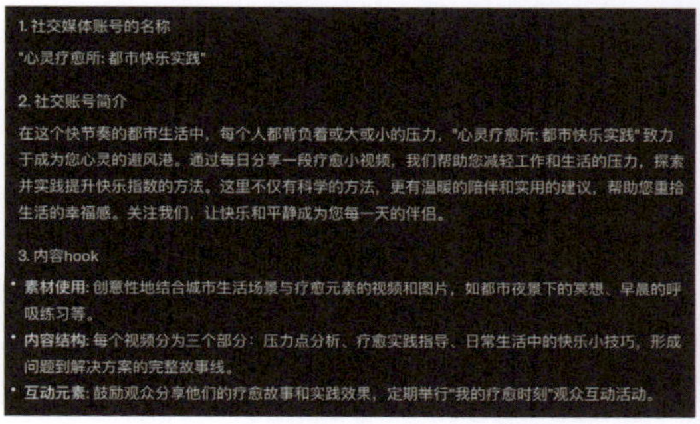

策划案2：心灵疗愈所

### 策划案1：都市疗愈日记

"都市疗愈日记"致力于成为都市忙碌生活中的一片心灵绿洲，为每一个在都市森林中奋斗的人提供心灵的慰藉与疗愈。我们希望通过引导大家发现和实践日常生活中的疗愈时刻，培养出更加积极和健康的生活态度。每天，我们都会分享疗愈小视频，这些视频不仅能帮助你缓解工作和生活的压力，更能教会你如何更好地自我关爱，从而提升你的快乐指数和幸福感。

内容Hook方面，我们精心策划了以下元素。

- 素材使用上，每个视频都采用温暖而舒缓的色调，再配以轻柔的背景音乐，从视觉和听觉上给予观众即时的放松与安心感。
- 在内容结构上，我们以都市人的小故事为引，深入剖析他们的压力源和心理状态。随后，我们会介绍一种有效的疗愈方法，并展示实践后的积极变化。这样的叙述方式旨在引发观众的共鸣，并激发他们跟随实践的欲望。

以下是"都市疗愈日记"的场景策划亮点。

人物服装方面，视频中的主讲人将身着简约而不失专业的服饰，如舒适的棉麻衣物，以柔和色调为主，力求营造一种轻松自在的氛围。

在表达方法上，我们主张采用平和、亲切的语气，避免使用过于技术性或冰冷的词汇，旨在让观众感受到如同朋友般的温暖与关怀。

此外，我们还特别设置了以下精彩栏目。

- "心灵净化工坊"将分享各种心理净化和放松的技巧，如冥想、呼吸练习等，帮助你在繁忙的生活中找到内心的平静。
- "幸福小实验"则鼓励你每周尝试一个新的小习惯或活动，并记录其对心情的积极影响，让你的生活充满新鲜感和乐趣。
- "疗愈故事汇"将讲述都市人疗愈自我的真实故事，提供情感共鸣和鼓励，让你在疗愈的道路上不再孤单。
- "每日一念"会分享每日的正能量语录或思考题，鼓励你进行反思和内省，从而不断提升自我认知。
- "自我关爱课堂"将教授你自我关爱的方法和策略，学会更好地照顾自己的心灵和身体，让你的生活更加充实和美好。

### 策划案2：心灵疗愈所

"心灵疗愈所"——你快节奏都市生活中的心灵避风港。在这里，我们深知每个人都肩负着各自的压力，因此致力于通过每日分享的疗愈小视频，帮助你减轻工作与生活的重担，探索并实践提升快乐指数的途径。我们不仅提供科学的方法论，更有温暖的陪伴与实用的生活建议，旨在助你重拾生活的幸福感。关注"心灵疗愈所"，让快乐与平静成为你生活的常态。

内容Hook精心策划如下。

素材使用方面，我们创意性地将城市生活场景与疗愈元素相融合，例如展示都市夜景下的冥想时刻、清晨的呼吸练习等，通过视频和图片的形式呈现。

每个视频的内容结构分为3个部分：首先分析压力点，接着提供疗愈实践指导，最后分享日常生活中的快乐小技巧。这种从问题到解决方案的完整故事线，旨在帮助观众更好地理解和应对自己的压力。

我们还特别注重互动元素的设计，鼓励观众分享他们的疗愈故事和实践效果。定期举行的"我的疗愈时刻"观众互动活动，将进一步增强观众的参与感和归属感。

在场景策划上，我们追求简约而舒适的风格。人物服装以温暖色调为主，展现亲和力和可接近性；表达方法则采用温柔的语气和鼓励性的话语，帮助观众释放压力；视频背景选择具有都市特色且能营造平静感的场所，如屋顶花园、安静的咖啡店角落或温馨的家居环境。

此外，我们还特别设置了以下栏目。

- 每日疗愈仪式：分享简单易行的疗愈活动，帮助观众养成日常的疗愈习惯。
- 都市快乐实践：探索并分享在都市生活中增加快乐感的小技巧和习惯。
- 心灵解压站：专门针对都市工作中常见的压力源提供心理疗愈和减压方法。
- 幸福感提升课：通过多方面内容提供科学且全面的幸福感提升策略。
- 观众疗愈故事：分享观众的疗愈经历和成果，增强账号的互动性和社区感。

综上所述，"心灵疗愈所"的内容策划案紧扣"人设"关键词，在内容Hook上展现了独特的创意和思考。我们相信，这个策划方案将能够直接触达用户痛点，降低内容学习的门槛，引发更多关注，并成为你在快节奏都市生活中的贴心伴侣。

### 4.4.3 最终自媒体策划案展示

结合上两篇策划案，稍加整理和修改，这是小红书账号"都市疗愈日记"的最终内容策划案，如表4-1所示。

表4-1 "都市疗愈日记"内容策划案

| \multicolumn{4}{l}{"都市疗愈日记"内容计划案（规划何时制作和发布视频，保持一致的更新频率）} |
|---|---|---|---|
| 账号设置<br>账号名称、简介、关键词<br>更新频率 | 内容Hook<br>吸引观众的钩子<br>可以表现在素材和内容结构等上 | 节目策略<br>账号包含的栏目 | 前5期脚本Demo<br>详细的前5期视频脚本 |

续表

| 名称：<br>都市疗愈日记<br><br>关键词：<br>#都市疗愈先锋<br>#每日疗愈仪式<br>#快乐实践导师<br><br>简介：<br>在这个繁华而快节奏的都市生活中，每个人或多或少都肩负着一定的压力。"都市疗愈日记"应运而生，它以利他之心为起点，致力于为在都市丛林中努力奋斗的你，提供一处心灵的港湾，带来丝丝慰藉与深层疗愈。我们深信，通过每日精心分享的疗愈小视频，不仅能助你卸下工作与生活的沉重包袱，更能引领你学会自我关爱，从而提升你的快乐指数，让幸福感溢满心间。请跟随我们的脚步，共同探寻在忙碌中寻觅平和的秘诀，学习如何给予心灵真正的放松与滋养。 | 素材使用：<br>创意性地结合城市生活场景与疗愈元素的视频和图片，如都市夜景下的冥想、早晨的呼吸练习等。<br><br>内容结构：<br>每个视频分为3个部分：压力点分析、疗愈实践指导、日常生活中的快乐小技巧，形成从问题到解决方案的完整故事线。<br><br>互动元素：<br>鼓励观众分享他们的疗愈故事和实践效果，定期举行"我的疗愈时刻"观众互动活动。 | 每日疗愈仪式：分享简单易行的疗愈活动，如呼吸练习、感恩日记编写等，帮助观众养成日常的疗愈习惯。<br><br>都市快乐实践：探索并实践在都市生活中增加快乐感的小技巧和习惯，如城市探险、寻找都市中的绿色空间等。<br><br>幸福感提升课：通过营养、运动、心理调节等多方面内容，提供科学且全面的幸福感提升策略。<br><br>观众疗愈故事：分享观众自己的疗愈经历和成果，增加账号的互动性和社区感，让观众感受到他们并不孤单。 | 会有重点章节着重介绍如何用AI生成脚本 |
|---|---|---|---|
| **阶段性目标**<br>根据数据分析和用户反馈，设定年/半年/季度变现目标，以及季度优化内容策略和运营方式，提升用户体验和黏性，巩固细分领域专业关键词 ||||
| **举例**<br>测试周期为一个季度，45条视频/××平台增加3万粉丝 ||||
| **推广测试**<br>通过何种渠道进行推广，如投流、口碑营销等，吸引目标用户群体的关注，提高曝光率和影响力 ||||
| 根据个人情况设定 ||||

这两个策划案在内容Hook和栏目名称的设计上，都紧密围绕关键词展开，同时在场景策划方面展现出了卓越的创造力。从整体逻辑架构到细节创意元素，无不透露出精心的策划与巧妙的构思。值得一提的是，AI在某些方面的确展现出了超越人脑的速度与效率，它不仅能迅速激发出大量的创新点子，还能在短时间内生成结构清晰、层次分明的策划方案。若你能将这些由AI生成的策划案转化为切实的行动，那么你就已经成功地在社交媒体领域迈出了利用AI取得成功的第一步。

　　接下来，让我们继续深入探索，共同研讨如何利用AI塑造一个在社交媒体上备受瞩目的网红形象。通过结合AI的精准分析与创意生成能力，我们有望打造出一个既符合市场趋势又独具特色的网红，从而在竞争激烈的社交媒体世界中脱颖而出。

# 第 5 章
# 利用 AI 制作一个虚拟网红 IP

## 5.1 如何用 AI 设计一个虚拟网红形象

穆斯塔法·苏莱曼，在AI模型领域深耕十几年的专家，在TED演讲中大胆预测："在未来的5~10年里，无论是企业、组织还是公司，都将拥有自己的IP形象。各种机构会采用独特的AI形象来展现自我。"这样的场景，或许我们在科幻电影中已有所见：城市摩天大楼的广告牌上，各式虚拟IP偶像的形象层出不穷，有的庄重，有的诙谐，有的甚至跃升为备受追捧的虚拟明星。

可以预见，未来的虚拟IP将广泛应用于各个行业。在娱乐和社交领域，我们将见证众多虚拟偶像的崛起。品牌营销也会巧借虚拟社交IP之力，吸引更多目光。更令人惊奇的是，虚拟IP有可能会融入我们的日常生活，甚至在未来成为我们的"虚拟同事"。随着虚拟现实（VR）、增强现实（AR）和人工智能（AI）等尖端科技的持续进步，虚拟IP形象正悄然融入我们的生活和娱乐世界。展望未来5~10年，这一变革将对我们产生更为深刻的影响。

### 5.1.1 虚拟IP形象对未来的影响

#### 1. 什么是虚拟 IP

虚拟IP，也被称为虚拟IP形象或数字角色，是由数字技术创造的具有人性化特征和个性化设定的虚拟人物。这些角色形象在现实世界中的应用日益广泛，尤其在娱乐与社交、营销等领域展现出显著的影响力。

#### 2. 娱乐与社交的新宠

在娱乐领域，虚拟IP形象正逐渐成为新宠。无论是音乐、影视、游戏还是社交媒体，这些数字角色都以其独特的魅力吸引着大量粉丝。想象一下，一个虚拟歌手在全息影像音乐会上引吭高歌，或者一个虚拟演员在电影中扮演重要角色，与真人演员同台飙戏。此外，在社交媒体上，虚拟IP形象也有可能成为新的"网红"，与粉丝亲密互动，建立深厚的社交关系。

#### 3. 营销领域的新势力

在营销方面，虚拟IP形象同样展现出巨大的潜力。作为品牌的代言人或营销工具，它们不受时间和空间的限制，可以随时随地与目标受众互动。通过虚拟角色，品牌能够更有效地传递价值观，增强消费者的忠诚度。而且，由于虚拟形象无须考虑真人代言人的各种限制，因此它们在执行全球范围内的长期营销活动时更具成本效益。

### 4. 挑战与伦理考量并存

然而，虚拟IP形象的崛起也伴随着一系列挑战和伦理问题。过度商业化可能引发对虚假宣传和数据安全的担忧，而虚拟与现实的界限模糊也可能导致人们对现实世界人际关系的忽视。因此，在推动虚拟IP形象发展的同时，我们必须谨慎应对这些挑战，确保其为社会带来积极价值。

### 5. 创造你的 AI 网红形象

现代技术的进步为我们提供了前所未有的机会：通过简单的操作，每个人都可以创造出属于自己的AI网红形象。这个形象可以是你梦寐以求的任何角色——无论是艺术家、科学家还是企业家。你可以为这个数字化身定制服装、塑造性格，并让它在数字世界中与真实世界的人们互动。这不仅为你带来了全新的认同感和成就感，还开辟了一个全新的创意表达空间。

下面将详细介绍如何利用AI技术打造一个具有吸引力的网红形象。从确定职业定位到塑造独特风格，再到精雕细琢个性特征，我们将一步步引导你完成这个过程。让我们一起踏上这个充满创意与可能性的旅程吧！

## 5.1.2　虚拟IP形象提示词模板

在呈现网红形象时，我们主要采用图片形式。相较于生成视频，AI生成图片的操作更为简便，技术也更为成熟稳定。若对生成的图片有不满意之处，还可以进行修改。在生成图片的过程中，提示词和垫图是两个关键要素。提示词是输入到AI工具中的文字描述，用于指导图片生成，是不可或缺的部分；而垫图则并非必需，但可以在某些情况下辅助生成更符合预期的图片。我们会在后续的实际操作中详细探讨这两者的使用方法。

设计一个虚拟IP形象，其过程与装扮一个布娃娃颇为相似。就像我们为布娃娃精心挑选外貌特征和装饰物一样，虚拟IP形象的设计也是从零起步，逐步塑造其外貌、服饰和个性等各方面的特征。这种创作过程，宛如一场富有创意和想象力的装扮游戏。接下来，让我们通过类比装扮布娃娃的过程，来详细阐述虚拟IP形象创作的每一个步骤。

### 1. 选择基本形态

装扮布娃娃的第一步是精心挑选一个基础的身体形态。相似地，在设计虚拟IP形象的初步阶段，我们也需要首先确定一个核心的基础形象。这涵盖了角色的身高、体型、性别以及种族等关键特征。这一步的抉择至关重要，因为它不仅定义了虚拟角色的基本外貌框架，更为后续的细节设计提供了根本的依托和指引。通过这一步骤，我们能够为虚拟角色塑造一个鲜明且富有特色的整体轮廓，从而为其未来的形象奠定坚实的基础。

### 2. 确定服装风格

布娃娃所穿的服装，不仅决定了其整体风格，还可能是休闲、职业、运动或某一特定文化风情的体现。同样，在设计虚拟IP形象的过程中，服装风格的选择也占据着举足轻重的地位。它不仅是角色背景和个性的直观传达，更是设计师创意与匠心的展现。例如，一身华美的服饰往往暗示着角色高贵不凡的身份，而运动风格的装扮则透露出角色的活力与动感。此外，设计师还可以通过为虚拟角色增添别致的饰品、文身或独特纹样，来进一步凸显其独树一帜的个性魅力。

### 3. 搭配发型与面部特征

为布娃娃挑选合适的发型与面部表情，是装扮过程中充满乐趣的一环。与此类似，在设计虚拟IP形象时，对其发型、面部特征及表情的细致挑选与设计同样至关重要。这不仅关乎角色的外在美观，更要求这些元素与角色的整体风格及性格特点相契合。借助先进的图形技术，设计师们能够打造出丰富而精细的细节，以及独具个性的表情，从而赋予虚拟角色更强的吸引力和亲和力，使其形象更加鲜活、立体。

### 4. 赋予个性与故事

在装扮布娃娃的过程中，我们常常会不自觉地为其构想一个名字，以及与之相关的兴趣、职业和精彩故事。无独有偶，在设计虚拟IP形象时，为其打造一个丰富的背景故事和鲜明的人格特征同样不可或缺。这不仅有助于构建角色的内在逻辑，使其形象更加立体和饱满，还能在与观众互动时增添更多真实感和吸引力。此外，明确的个性和故事线还能为角色的行为和语言提供有力指导，确保其在各种场合下都能保持高度的一致性，从而加深观众对角色的印象和情感共鸣。

### 5. 调试与完善

在装扮布娃娃的过程中，我们会反复尝试各种搭配方案，并不断调整细节，以求达到最满意的效果。同样，在设计虚拟IP形象时，也需要经过持续的测试和调整。这一过程的目的是确保角色能够与目标受众的期望相契合，从而更好地传递其价值和吸引力。调整的内容涵盖了角色的造型、个性和互动方式等多个方面，这样可以使角色更加自然地融入其所处的场景和故事情节中，为受众带来更加真实和引人入胜的体验。

## 6. 持续更新

布娃娃的装扮可以随心所欲地更换，以体现当下的心情或适应不同的场合。同样地，虚拟IP形象也需要定期更新，以保持其新鲜感和吸引力，并紧跟不断变化的潮流趋势。设计师们可以为虚拟角色打造多样化的造型、服装和故事情节，使它们在不同的时间节点或场景中呈现全新的面貌。

通过精心确定形态、风格、职业，细致搭配细节，并赋予角色丰富的背景故事，我们最终能够塑造出一个栩栩如生、趣味横生且独具特色的虚拟角色。为了将这一设计理念变为现实，我们将采用特定的结构来设计生成形象的提示词。这些提示词将涵盖角色的各个方面，从职业与目标，到印象关键词，再到长相与打扮，以及背景与灯光等细节。此外，我们还会加入一些固定的提示词，如"高清""逼真"和"正脸"，以确保生成的图像质量上乘且符合我们的预期。

在前文中，我们已经生成了一份包含上述内容的策划案。现在，我们将利用ChatGPT这一强大的工具，将这份内容策划案转化为形象提示词。通过输入前文生成的内容策划案，以及特定的引导语，ChatGPT将帮助我们生成一系列精准而富有创意的提示词，为接下来的AI形象设计奠定坚实的基础，如下图所示。

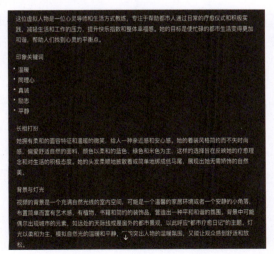

下图是ChatGPT根据策划案提供给我们的提示词。

我们将相应的内容填入提示词的结构中，并进行适当的修改与整理，确保其完整且条理清晰。随后，我们会加入固定的提示词："高清""逼真"和"正脸"，以确保生成的AI形象符合我们的预期。最后，我们将利用ChatGPT将这些提示词翻译成英文，从而得到用于创建AI形象的最终提示词。这一过程将确保我们的AI形象设计既精准又富有吸引力。

英文虚拟IP形象提示词模板如下。

### High-quality virtual IP character prompt（prompt）

Imagine a character named Liya, a certified asian female nutritionist and a passionate advocate for healthy living.

This virtual character is a spiritual guide and lifestyle coach dedicated to helping urban dwellers reduce stress from work and life through daily healing rituals and positive practices. Her goal is to harmonize the bustling city life, aiding individuals in finding their inner balance.

Impression Keywords：Warmth、Empathy、Sincerity、Inspirational、Peacefulness

Appearance and Dress：She has soft facial features and a warm smile that conveys approachability and comfort. Her style is minimalist , favoring comfortable and natural fabrics, pure color Tshirt. Her hair is softly cascading down her shoulders.

Background and Lighting：The video background is an indoor space filled with natural light, simply yet artistically adorned with plants, books, and minimalist decor, creating a peaceful and harmonious atmosphere. The view from the window is cityscapes. The lighting is soft, mimicking the warmth and calmness of natural light, highlighting the character's warm ambiance while making viewers feel comfortable and relaxed.

Realistic photo, frontal facing, neutral facial expression, closed mouth, medium shot, good and solid lighting

中文翻译如下，这里的生图软件用的是Midjourney，需要输入英文提示词，以下内容方便我们更好地理解提示词模板，红色的部分是根据设计的虚拟形象重新调整的部分。

### 高质量虚拟形象提示词

想象一个名叫Liya的虚拟人物，她是一位认证的亚洲女性营养师，同时也是健康生活的热情倡导者。

职业与目标：这位虚拟人物是一位精神向导和生活方式教练，致力于帮助城市居民通过日常的治愈仪式和积极的实践来减轻工作和生活的压力。她的目标是协调繁忙的城市生活，帮助个人找到内在的平衡。

印象关键词：温暖、同理心、真诚、鼓舞人心、平和

长相打扮：她有柔和的面部特征和温暖的微笑，传达出亲和力和舒适感。她的风格是极简主义，偏爱舒适自然的面料，纯色T恤。她的头发柔顺地垂在肩上。

背景与灯光：背景是一个充满自然光的室内空间，简单而艺术地装饰着植物、书籍和极简装饰，窗外的景色能看到都市里的大楼，屋内却灯光柔和，温暖和平静。

固定的提示词：真实照片，正面朝向，中性表情，闭着嘴，中景，良好且稳定的光线。

## 5.1.3 生成AI形象的操作步骤

现在，我们将一步步生成你的虚拟IP形象。首先，开启Midjourney，并进入discord界面。在这个界面中，可以自由选择已有的任意一个房间，或者创建一个全新的私人房间。如果选择了新建房间，要记得邀请Midjourney Bot加入，这是关键的一步。接下来，为了生成AI形象，我们将借助Midjourney V6模型的力量。具体的操作步骤如下。

**01** 进入Midjourney discord界面，并注册账号。

**02** 在输入栏选择/imagine选项，并输入前文准备好的提示词。

**03** Midjourney默认生成4张图片，单击喜欢的那张对应的按钮，如U1、U2、U3或U4，此时会进入单独的页面。

**04** Midjourney生成的形象都不错，所以分别单击U1、U2、U3和U4按钮，稍后采用扩图的方法

看看后面的背景再进行最终的选择。

**05** 如果生成的图像并不符合你的预期，可以尝试在Text Prompt描述部分前添加垫图来进行调整。Midjourney官方提供了高级版Prompts的组成介绍，如下图所示，仔细观察你会发现，它一共包含三部分：首先是绿色的参考图部分，用于给AI提供视觉上的参考；其次是Text Prompt描述部分，用文字详细描述你想要的图像；最后是参数部分，通过调整参数来进一步优化生成结果。请按照这个结构来构建你的提示词，以获得更精准的图像生成。

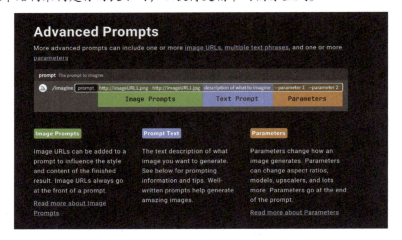

为了生成理想的虚拟IP形象，我们可以遵循特定的结构来挑选两张垫图。Midjourney会自动捕捉这些垫图中的特点，并据此生成新的图像。请确保所选垫图为正脸照，且五官清晰可见，这将有助于我们后续实现图片的动态效果。同时，也可以参考前文中提到的对标账号形象，将其作为垫图使用，并结合之前提到的提示词进行输入。对标账号之所以成功，往往是因为其某些特性深受大众喜爱，因此我们应该借鉴其优点元素，以期打造出更出色的虚拟IP形象。

**06** 单击输入栏中的+按钮，选择并上传两张能够体现你期望图像方向的垫图文件。接着，单击图片以在浏览器中打开，然后复制地址栏中显示的URL。这样，就准备好了垫图的链接，以便在后续步骤中使用，如下图所示。

**07** 将刚才复制的两张照片的URL粘贴到提示词前面，确保以"链接+空格+提示词"的格式输入，如下页上图所示。这样做可以帮助Midjourney更准确地理解你的需求，并生成更符合期望的图像。

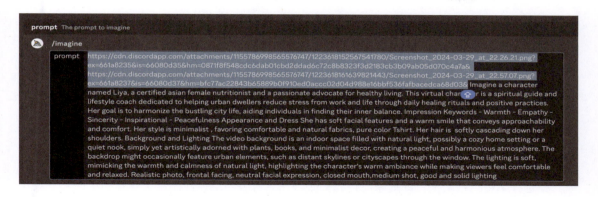

**08** Midjourney会根据我们提供的图片风格来生成图像。在垫图生图过程中，它会参考图片的结构以及人物的面部特征。为了获得满意的结果，可能需要多次尝试。在此过程中，务必注意版权问题，避免选择与垫图人物过度相似的图像。如下图所示的4组图像都是基于我们上传的垫图生成的，它们风格相似且图片质量稳定。接下来，将挑选一个"上镜"效果好的图像，并对其细节进行调节。

## 5.1.4 如何调整形象细节让结果更逼真

调整形象细节是一个至关重要的步骤,因为我们将让这个形象在后续的制作中动起来。不同的AI工具在抓取人像特征时有各自的要求,但这里介绍的几个挑选和调整形象的方法具有广泛的适用性,能够满足大多数AI工具的需求。通过这些方法,我们可以确保生成的虚拟IP形象更加精准、生动,并能够在各种AI工具中顺畅地呈现动态效果。

### 1. 不能选择着装过于暴露的形象

在选择上传至社交平台的形象时,我们必须注意着装的得体性。过于暴露的服饰是不被允许的,因为即使你的内容再精彩,如果平台审核不通过,所有的努力都将白费。因此,请确保你的形象符合社交平台的规范,以避免麻烦和损失。

### 2. 头发丝不要太飘逸

在选择虚拟IP形象时,应避免选择头发过于飘逸的人像图片。因为后续我们将使用面部识别技术来让人物的面部动起来,如果头发不够服帖,可能会导致识别不准确。特别是当人物在讲话时,如果头发太飘逸,会显得非常不自然,影响整体效果。因此,务必注意这一点,以确保生成的虚拟IP形象既生动又自然。

### 3. 正脸且五官清晰

在选择虚拟IP形象时,务必挑选一个正脸的形象,确保面部和五官的轮廓清晰可见。轮廓越清晰,面部识别的效果就会越好。此外,建议选择闭嘴微笑的表情,避免露出牙齿,以呈现更加优雅和专业的形象。这样的选择将有助于提升虚拟IP的整体质感和识别准确度。

### 4. 要有辨识度

最后一点至关重要,那就是虚拟IP形象必须具有辨识度。换位思考一下,作为粉丝,你会关注哪个AI形象?答案显而易见,那些独特且易于识别的形象更易吸引关注。我们最终选定的这个形象,完美契合了我们账号的定位:#都市疗愈先锋、#每日疗愈仪式。她给人一种阳光、充满能量且积极进取的感觉,与我们的主题高度契合,一眼望去就能感受到她所传递的正能量和事业心。

接下来，我们将对虚拟IP形象的几处细节进行修改。首先，为了符合社交平台的审核标准，我们需要对她的衣物进行调整，因为目前的装扮过于暴露。其次，我们将处理掉飘在外面的头发，使其更加整洁。此外，为了增添一些时尚感，我们决定为她佩戴一条项链。在进行这些修改时，我们将使用region功能，圈选出希望改变的区域，并在输入框中详细描述我们所期望的调整效果，如下图所示。

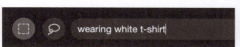

在为她更换了衣物，佩戴了项链，并整理了头发之后，我们得到了最终的虚拟IP形象。现在，她是不是已经散发出了都市疗愈先锋的独特气质？笔者特别喜欢背景的构图设计，那扇窗户仿佛为我们打开了一个窥探外面世界的窗口。如果窗外的景色能换成城市的高楼大厦，那就更贴合我们的主题了。在下一步的景别扩展中，我们会尝试调整并观察效果，期待能呈现更加完美的场景。最终的虚拟形象如下图所示。

## 5.1.5 生成不同景别的形象

在电影中，我们经常会看到通过远近不同的景别切换来丰富影像表达的手法。同样，在社交媒体内容上，这种手法也至关重要。为了保持观众的兴趣，我们需要准备多种景别的素材，包括远景、近景，以及适应不同屏幕方向的横版和竖版场景。基于这些平台特性，我们计划至少创建4个场景：远景、近景、横版和竖版。幸运的是，我们可以直接利用刚才生成的图片作为基础，通过扩图的方式轻松实现这一目标。

我们可以通过单击Zoom Out 1.5x或Zoom Out 2x按钮，将图片放大1.5倍或2倍，也可以通过单击上、下、左、右箭头按钮，继续补充图片，如下图所示。

当单击向右扩展按钮➡时，背景中就会生成窗子里的景象，如下图所示。如果对扩展的内容不满意，可以选择重新生成，或者使用前文提到的圈选重新生成的方法来进行调整。

扩展前　　　　　　　　　　　　　　扩展后

根据我们设定的不同场景，分别生成了适应各种平台的景别素材。竖版视频景别素材将用于制作数字人形象，并应用于抖音、小红书、TikTok等以竖版内容为主的社交平台。而横版视频素材，适用于电视节目、B站、YouTube等以横版内容为主的平台。通过相同的扩图方法，我们可以创造出更多丰富的背景和动作。这个过程需要耐心和细致地调试，但只要我们多尝试，一定能获得令人满意的效果，如下页上图所示。

如此，我们这位充满生机与活力的网红AI形象已然诞生！从背景那恰到好处的光线，到她那一身既舒适又时尚的穿搭，每一处细节都与我们之前精心策划的社交媒体主题——"都市疗愈日记"高度契合。此刻，她仿佛就在眼前，令人情不自禁地想要按下播放键，聆听她亲口分享那些能触及心灵的疗愈秘诀。

竖版视频的景别

横版视频的景别

哦,不过别急,播放键还未启动——我们的AI形象尚未注入"生命"!这只是个小小的玩笑。在接下来的章节里,我们将逐一揭晓如何为这个跃然屏上的AI形象赋予动态之美,让她不仅能以静态之姿展现魅力,更能与你互动交流,为你带来每日细致入微的疗愈力量。

## 5.2 AI 虚拟形象如何动起来

### 5.2.1 虚拟形象变视频的方法总结

你是否曾幻想过,随着科技的飞速发展,那些你精心设计的虚拟形象或儿时梦中的偶像能够栩栩如生地与你交谈,甚至翩翩起舞?如今,这一切已成为现实,而且无论你是否具备技术背景,都能轻松掌握。本节我们不仅要探讨AI技术的实现方式,更要深入挖掘其背后的"为什么""何时"以及"如何"运用它们。确实,现在你可以让照片中的人物开口说话,展示舞蹈,或者执行特定的动作。然而,实现这一切需要借助一些工具,而且每种技术都有其独特的优势和局限性。接下来,我们将详细分析这些技术的优缺点,助你做出最明智的选择。目前,将静态照片转化为动态视频的AI技术主要有以下几种。

#### 1. 让人像图片开口讲话

这项技术采用面部识别功能,精准地识别照片中人物的五官,并通过模拟这些五官的动态,让图片中的人物仿佛开口说话。这不仅局限于简单的嘴唇动作,还包括眨眼、挑眉等更为复杂的面部表情,从而打造出更加自然、生动的动画效果。如Heygen和D-ID等,正是运用这种技术,为我们带来了前所未有的视觉体验。

### 2. 人像做动作

这项技术能够将你的整个肢体融入一个动作模型中，呈现特定的动态表现。与仅局限于面部动画的技术不同，它着眼于全身的动作模拟。通过将人物照片放入预设的动作模型，AI可以逼真地模拟出各种动作，如跳舞、挥手，甚至是进行体育运动。在社交媒体上，我们常常看到名人跳着相同舞蹈的视频，这背后正是运用了此类AI工具，如Viggle和Animated Drawings。这些工具允许用户上传人物照片和动作视频，然后将两者完美融合，或者选择平台提供的预设模型动作，使照片中的人物栩栩如生。

### 3. 生成一个1:1的数字人

这是目前AI动态视频制作领域中顶尖的技术。它超越了简单的让照片人物说话或执行预设动作的层面，而是通过录制的视频，在数字世界创建出一个1:1的数字人。这个数字人能够完全模仿真人在原视频中的所有动作，无论是复杂的手势、丰富的面部表情，还是行走、奔跑等全身动作，都能精准重现。像Heygen和Synthesia这样的先进工具，甚至可以根据用户输入的文字，让数字人进行口型同步的讲话，呈现极其逼真的视觉效果。当然，这项技术对原始视频的要求也相对较高，需要用户提供2~30分钟的高清、正脸无遮挡且五官清晰的视频素材，以便进行精确建模，从而生成与真人无异的数字人。

接下来，我们将对这三种方法的具体优缺点进行详细的分析对比。

## 5.2.2 技术对比

在面对多样化的技术选择时，我们应根据具体需求和创作目标来做出决策。若你的重点是舞蹈展示，那么选用能将形象融入动作的AI工具将是不二之选；而若你的目标是制作口播视频，则需要确保你的形象能够开口说话，且表情和口型实现精准同步。每种技术都拥有其独特的优势和局限性，如表5-1所示，详细概述了这三种不同AI技术在动态视频制作方面的优劣之处，以供参考和选择。

表 5-1　三种 AI 技术在动态视频制作方面的优缺点

| 技术类型 | 优点 | 缺点 |
| --- | --- | --- |
| 人像图片开口讲话 | 可塑性强，可以根据想象创造任何图片人物 | 只有面部动作，身体其他部分不会动 |
| 人像做动作 | 可塑性强，可以接收图片和视频，创造任何人物，并生成或模仿动作 | 身子动嘴不动，一旦动作太复杂，生成效果不是很好 |
| 1:1数字人 | 非常形象真实，脸动手动 | 可塑性较低，基于真人视频录制，限制了创造新形象的可能性 |

图片开口说话技术凭借面部识别，让图片中的人物栩栩如生地开口交谈。其独特优势在于

高度的可塑性——可以将任何想象中的人物，无论是历史名流还是虚构角色，转化为动画并赋予其"生命"。然而，这项技术目前主要集中在面部表情的模拟上，导致人物的手部和身体其他部分在视频中保持静止，略显僵硬。

人物做动作技术则更进一步，它接收图片和视频作为输入源，生成或模仿各种动作，为创作者提供了更广阔的发挥空间，能够呈现更为复杂和动态的场景。但这项技术也面临挑战，尤其是在口型同步方面。当人物进行激烈动作时，嘴部动作可能显得不够自然，或者在复杂动作中生成效果不尽如人意。

1:1数字人技术通过录制视频来创建数字孪生，以其极高的真实性脱颖而出。这种技术不仅精准复制面部表情，还能还原手部和身体的每一个细微动作。但这也带来了可塑性受限的问题，因为基于视频，使创造全新、别具一格的形象变得相对困难。

当然，除了这些技术路径，还有更为定制化的玩法，涉及精细的建模和动画制作。这种方法虽然耗时耗力，无法像AI工具那样迅速生成内容，但它提供了无与伦比的定制性和精确性。

综上所述，在选择合适的技术时，我们需要全面考虑具体需求、目标受众以及可用的创作资源。通过深入剖析每种技术的优劣，我们能够做出更加明智的决策，选出最适合自己创作需求的AI工具。而且，随着AI技术的不断进步，我们有理由相信，未来的AI工具将能够生成更加逼真、动作更加和谐的形象，为创作者带来前所未有的创作自由和可能性。

### 5.2.3　照片开口说话的操作步骤

让照片开口说话的技术带来了诸多益处，并在多个领域进行了广泛应用。在当今数字化、虚拟化的时代背景下，虚拟IP形象已成为个人与企业传递理念、传播信息的重要桥梁。接下来，我们将深入探讨这项技术的核心优势及其适用场景。

在品牌形象与宣传方面，虚拟IP为品牌注入了独特个性和声音，成为企业表达品牌愿景和核心价值的得力助手。在社交媒体或广告活动中，这些虚拟形象能够生动地讲述品牌故事、推介新品，并与用户进行互动交流。它们以一致且富有吸引力的方式传递品牌信息，从而增强与受众的情感联系。

在教育领域，这项技术使教育工作者能够将教学材料与虚拟形象相结合，以更具吸引力的动画或语音形式传授知识。培训视频中的虚拟讲师能够生动、有趣地阐释概念和演示操作，进而提升学习者的参与度和学习效果。

对于企业内部沟通而言，虚拟形象可以用于传达企业政策、汇报项目进展或介绍员工福利。它们还能在新员工入职培训中发挥重要作用，甚至协助HR和领导层塑造和传播企业文化，帮助员工更快地融入团队。

在娱乐与游戏产业，虚拟角色因其高度互动性而备受青睐。玩家可通过游戏角色直接获取情节信息、任务说明或解答疑问，从而获得更加沉浸式的游戏体验。

此外，本书所介绍的个性化AI社交内容创作领域也受益于这项技术。虚拟形象开口说话的功能为内容创作者提供了更多创新的表达方式。通过将文本转化为虚拟角色的语音和视频，创作者能够轻松且生动地传达自己的思想和观点。

现在，让我们一同进入实操环节，手把手教你如何让照片开口说话。

## 1. 准备素材

在选择或生成虚拟IP形象的照片时，可以采用前文生成的AI数字形象作为操作对象。首要步骤是确保所选照片符合"活跃"基准，了解哪些类型的照片能够产生出色的效果。关键要素如下。

- 五官清晰可辨：照片中的五官必须清晰可见，以便AI技术能够准确识别和模拟。
- 上身正面照：选择一张上身的正面照片，这样可以更好地捕捉脸部的五官特征，并确保AI在生成动画时能够保持形象的一致性。
- 表情自然而牙齿不露：照片中的表情应该自然，且嘴巴闭合，不露出牙齿。这是因为大多数AI工具在生成动画时会为形象添加牙齿，如果原始照片中已经露出牙齿，可能会导致出现重叠或不自然的牙齿效果。
- 高质量照片：确保照片的质量足够高，以避免AI在识别过程中产生误差，例如将鼻子误认为是嘴巴。

基于以上准则，我们选择了前文生成的"都市疗愈日记"的形象，如下图所示。这张照片完美符合我们的要求：五官清晰、正面拍摄、表情自然且嘴巴闭合，同时照片质量上乘。这将为我们后续的AI动画生成奠定坚实的基础。

## 2. 使用合适的工具或软件

运用能让照片开口说话的工具，我们将虚拟形象照片导入软件中。进入D-ID界面后，单击右上角的Create video按钮，并选择Photo Avatar选项，然后添加照片，如下图所示。接下来，就可以见证你的虚拟形象栩栩如生地说话了！

## 3. 输入或录制文本

你可以直接输入想让虚拟形象表达的文本内容，或者利用ChatGPT生成一段别开生面的脚本。接着，单击声音按钮，挑选你钟爱的音色和语言，如下图所示，抑或是通过麦克风即时录制个性化的音频，让你的虚拟形象更加生动有趣。

脚本输入　　　　　　　　　　　　音色选择

## 4. 单击生成

下页上图展示了生成后的视频，其中虚拟形象正开口说话。尽管在生成过程中，像素和画面质感略有降低，但整体而言，其表述、口型以及语气均显得非常自然流畅。若仔细观察，确实能够辨识出这是由AI技术创造的虚拟形象，特别是当注意到除了面部，身体其他部位均保持静止。然而，对于内容创作者而言，这种技术仍然具有极高的可塑性。因为它能够应用于任何形象，并且随着技术的不断迭代更新，我们可以预见，生成的效果将会日益精进，逼真度也会越来越高。

单击 Generate 按钮　　　　　　　　　　生成后的效果展示

在成功生成虚拟形象后，只需输入相应的脚本，短短几分钟内，一段口播视频便能制作完成。这种内容生成效率确实令人瞩目，相较于以往口播内容制作的烦琐流程——包括化妆、准备、打光、拍摄及剪辑，效率提升显然不止一点点。

若想让生成的视频更显自然，不妨尝试以下小窍门。

- 选择嘴唇稍薄、嘴巴略小的形象。
- 挑选下巴稍大一些的造型。
- 让面部稍微宽大一些，并确保面部肌肤的真实感。

这样做可以有效避免嘴巴张开过大、占据过多画面，从而使整体效果更加自然。

遵循上面的操作，你只需几分钟便能让AI虚拟形象说出任何你想表达的内容。无论是为你的生意业务拍摄一段介绍视频，还是让她在社交媒体上充当博主角色，传递你的观点，都能轻松实现。但请记住，尽管技术能为我们提供有力支持，最终传播效果的好坏，仍然取决于你的创意和内容质量。

现在，我们设计的虚拟IP形象已经能够活灵活现地动起来。在接下来的内容中，我们将重点介绍如何利用AI技术克隆声音，并让AI形象在说话时显得更加自然流畅。

## 5.3 · 如何用 AI 克隆虚拟形象的声音

AI技术已将虚拟形象带到我们触手可及的范围，使我们能够在极短的时间内设计出AI虚拟形象，并通过先进技术赋予它们"生命"。这里的"生命"不仅指形象的肢体语言、动态表现以及神态表情，更包括其独特的声音。在本节中，我们将深入探讨如何解决一个关键问题：让虚拟形象的声音听起来既真实又富有个性。

AI克隆音色技术在多个领域具有广泛的应用价值。例如，在电影、动画、广播和视频游戏中，当原声演员无法参与时，这项技术可以确保角色声音的一致性，同时为制作团队提供更灵活的编辑和更新空间。此外，使用特定作者或演讲者的克隆声音来朗读音频书籍，能显著增强听众的沉浸感和情感连接。克隆历史人物或知名演说者的声音，则可以为博物馆展览或教育演示增添生动性。

想象一下，如果你能用朋友偶像的声音发送生日祝福，那将是一份极具创意和戏剧性的礼物，定会给对方带来巨大惊喜。更进一步，若你的虚拟形象能流利地使用多种语言，那么无论是国际会议的同声传译还是全球粉丝的直播互动，你都将能轻松跨越语言障碍，与世界自由沟通，这无疑会极大提升全球化的工作进程，并增加互动的趣味性和广泛性。

每个人的声音都是独一无二的，承载着个人的情感和个性。AI克隆声音技术能够精准捕捉这些微妙的差异，使机器人的声音不再冰冷、机械，而是充满情感和温度。这样的技术进步为社交内容创作带来了无限可能。例如，你可以让你的虚拟形象在你无聊时用你最喜欢的明星的声音讲笑话，或者创建一个自媒体账号，让粉丝猜测名人声音，这将带来巨大的互动量和活跃度。

在前文中，我们分享了如何创建虚拟数字人形象。而如何让数字人的声音更自然，也是我们研究的重点。选择一个平台自带的稳定音色是一个好的开始，但选择合适的中文音色同样需要技巧。接下来，我们将详细探讨这个问题。

### 5.3.1 选择平台自带的稳定音色

大多数虚拟形象生成平台都提供配音音色的选择，其中，选取平台稳定且自然的音色是最为便捷的方式。用户只需在对话框中输入文本，即可选择心仪的音色。在选择完毕后，生成前还可以进行试听，以便根据音色的实际效果作出相应调整。以我们用于生成虚拟形象的D-ID为例，其中文音色选项包括云阳、云峰等经典音色，这些音色经过长时间的使用与优化，已经非常稳定，如下图所示。如果用户对音色的个性化要求不是特别高，那么这些经典音色即可满足需求。

 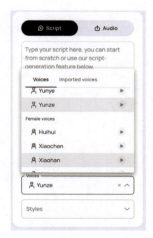

经过测试,我们发现使用图片生成数字人的平台所提供的中文音色,相较于1:1数字人的中文音色,表现更为出色。然而,由于各AI工具的进化速度不尽相同,且各家对中文音色的重视程度也有所差异,因此音色的质量和自然度也会有所变化。对于那些中文用户众多且对中文音色给予高度重视的平台,我们有理由相信,它们的音色将会逐渐升级,变得更加自然和个性化。

以下是笔者总结的一些音色较为成熟和稳定的中文音色选项。无论大家使用哪种AI工具创建虚拟形象,当遇到这些声音时,都可以尝试选择并体验。如右图所示,左侧一列为男性音色,右侧一列则为女性音色。如果觉得平台音色不够个性化,也可以采用下面的方法。

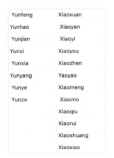

### 5.3.2 克隆单独声音导入生成

除了平台自带的音色选择,大多数虚拟形象生成平台还提供声音导入接口,这为我们提供了更多个性化的选择。我们可以利用外部的AI声音生成工具来创建独特的音色,然后将其导入虚拟形象平台中进行生成。在虚拟形象生成过程中,声音与口型的对应技术至关重要,这需要在虚拟形象平台上进行合成才能实现最佳效果。因此,我们需要先在其他工具上合成声音文件,再将其导入虚拟形象平台中。为了演示中文音色的生成,我们将选择一些在中文生成方面表现优秀的工具,而非仅限于Elevenlabs或Lovo等。具体的操作步骤如下。

**01** 进入Genny平台,创建一个新的项目。

**02** 把脚本复制到文本框中。

**03** 选择音色,单击小人图标,单击Change Voice按钮,可以选择普通话、辽宁话、山东话、四川话或粤语等,如下图所示。

**04** 选好音色后，单击Ready To Generate按钮，就可以试听了。

**05** 导出音频，输入虚拟形象中，如下图所示。

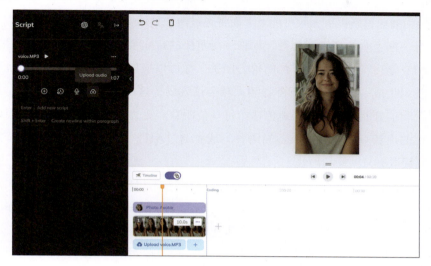

接着，只需单击"生成"按钮并稍作等待，即可为设计的虚拟形象增添个性化的音色了。

在为虚拟形象挑选音色时，我们必须综合考虑多个因素，以确保所选音色与形象的特质相契合，并能够精准地传递其独特的个性和情感。以下是一些建议，帮助你更好地进行音色选择。

- 明确形象的个性特质：深入剖析虚拟形象的性格、情感色彩以及背后的故事背景。例如，一个外向且充满活力的角色可能更适合明亮而富有活力的音色。
- 考虑形象的年龄、性别与文化脉络：这些因素在声音选择中起着至关重要的作用，确保音色与形象的外在特征相协调。
- 评估音色的情感表达能力：选择那些能够自如表达各种情绪，如欢乐、悲伤、愤怒等的音色，以确保声音能够随情境和剧情的变化而灵活调整。
- 追求声音的独特性与辨识度：选择一个与众不同的音色，能够显著提升虚拟形象的辨识度，使其更易于被观众或用户所记住和识别。可以通过添加特定的口音、调整语速或音调变化来进一步突出形象的独特性。
- 了解听众或用户群体的喜好：考虑目标受众的文化背景和审美偏好，因为不同文化背景的听众可能对音色有着截然不同的喜好。进行市场调研，收集用户对不同类型音色的反馈，以更好地满足他们的需求。
- 依据试听反馈进行调整：在做出最终决定之前，制作几个包含不同音色的样本，并邀请目标听众进行试听并提供意见。根据他们的反馈，调整音色选择或进一步定制声音特征。

通过综合考虑上述因素，你将能够为你的虚拟形象选择一个既合适又富有吸引力的音色。特别是对于前文中设计的疗愈赛道的虚拟形象来说，一个悦耳且富有感染力的声音无疑能够大大增加受众的喜爱度。

### 5.3.3 克隆你独一无二的声音

克隆声音技术在我们的日常生活和工作领域中具有广泛的用途,它能够大幅提升我们的工作效率,甚至为商业创新提供无限可能。下面将通过两个具体实例来详细阐述这一点。

假设你是一家企业的高级管理者,面临一场重要的行业会议,但由于某些原因无法亲自出席。这时,AI克隆声音技术便成了你的得力助手。你可以事先准备好会议内容和演讲脚本,然后利用这项技术生成一个流畅的演讲音频。在会议现场,这个音频将代替你进行演讲和讨论,确保你的观点和信息能够准确无误地传达给每一位听众。更为神奇的是,在国际会议上,这项技术还能将你的声音克隆并翻译成不同语言,或者通过AI进行即时翻译,从而打破语言障碍,让多语言交流变得更为顺畅和高效。

再设想一下,你是一位拥有众多粉丝的社交媒体博主,你的声音和内容深受大家喜爱。为了进一步增强与粉丝的互动,你决定利用AI克隆声音技术开发一款全新的产品。你设计了一款应用,并训练了相应的语言模型,使其能够按照你的风格和喜好与粉丝进行对话。通过声音克隆技术,你的声音被植入了这款应用中。粉丝们可以通过应用向你提问,而AI则会根据你的预设回答和语调进行实时回应。比如,当粉丝问及你最喜欢的电影时,AI会用你的声音回答道:"我最喜欢的电影是《星际穿越》,特别是那个感人的父女重逢场景。"此外,粉丝们还可以与应用进行日常聊天,分享他们的生活和心情。AI会模仿你的语气和风格进行回应,为粉丝营造一种与真人交流的亲切感。你甚至可以利用这项技术开发个性化的语音产品,如语音闹钟、语音提醒和语音导航等,让粉丝在日常生活中也能感受到你的陪伴。当粉丝设置你的声音作为闹钟铃声时,每天清晨都会听到你的温馨问候:"早安,楠楠!新的一天开始了,记得享受每一刻的美好时光。"而当他们需要提醒时,你的声音也会及时响起:"别忘了喝水哦,保持健康最重要!"或"时间到了,该准备参加下午的会议了。"这些具体的应用实例不仅展示了AI克隆声音技术在增强粉丝互动方面的巨大潜力,还为你开辟了新的商业机会和收入来源。

下面将向大家分享两种声音克隆的方法,让我们共同探索这项神奇技术的奥秘吧!

**1. 用素材克隆声音**

具体的创作步骤如下。

**01** 选择一段包含你本人声音或者你希望模仿的声音的视频或音频素材。例如,挑选一段海绵宝宝的音频素材,并将其成功转存为mp3格式的音频文件,如下图所示。

**02** 使用Genny进行声音克隆操作。首先，打开Genny并创建一个全新的项目。接着，在项目设置中单击Change Voice按钮。然后，单击Clone Voice按钮以开始声音克隆的流程，并据此创建一个新的克隆声音项目，如下图所示。

**03** 将之前准备好的音频素材拖至Genny界面内，稍作等待，系统便会自动生成克隆声音，如下图所示。

**04** 自由输入任何文字内容，Genny将运用小熊维尼的独特声音来为你传达信息。由此，你便获得了一个能够精准模仿目标音色的AI语音模型，实现个性化的语音表达，如下图所示。

### 2. 即时跟读克隆

目前，多数AI声音制作工具都配备了即时跟读功能。在本例中，将以剪映作为演示工具，具体的创作步骤如下。

**01** 打开剪映App后，在工具栏区域找到并点击"克隆音色"按钮。随后，创建一个新的项目，以便开始使用克隆音色功能。

**02** 系统会提示你跟读一段指定的文字，这样做的目的是通过模仿和学习你输入的语音特征来克隆你的声音。你只需根据系统的指引，朗读出相应的文本内容，系统便会自动捕捉并分析你的音色特点，进而完成声音克隆的过程，如下左图所示。

**03** 在输入字幕时，选择朗读功能进行试听。若试听无误，即可导出音频文件，如下右图所示。

**04** 将导出的音频文件导入你的虚拟形象中。

通过以下两种方法，你可以轻松地实现声音克隆，从而使AI具备与真人相媲美的语音表达能力。首先是利用素材克隆声音。这个过程包括收集目标声音的视频或音频素材，将其转换为适用的格式，然后借助如Genny等先进的AI工具进行声音克隆。只需上传素材，系统便能生成与原声高度相似的克隆声音。这种方法特别适用于对保真度和一致性要求极高的场景，例如电影配音、音频书籍朗读以及翻译会议演讲等。其次是即时跟读克隆。在此方法中，用户需跟读系统提供的文本，AI系统则会捕捉并学习用户的声音特质。这种方式简便且迅速，非常适合需要快速产出音频内容的场合，如商业会议、教育培训和客户服务等。无论采用哪种方法，都能让AI拥有逼真的语音表达能力，进而提升工作效率并拓展更多应用场景。

这些声音克隆技术同样可以应用于我们在前文中探讨的虚拟形象领域，使虚拟形象不仅在视觉上达到逼真效果，还能拥有个性化的语音表达。这为内容创作者提供了更为丰富的创作手段和互动可能性，在商业应用和个人创作领域都将发挥重要作用。

在下一章中，我们将深入探讨如何借助AI的力量进行高效的选题和内容创作。我们将详细介绍如何通过AI关键词构建选题模型，深入分析品牌、平台趋势、竞品及需求关键词，从而生成具有高传播潜力的选题。此外，我们还将分享六大脚本模型，包括带货脚本、HERO模型、故事叙述法、问题解决法、倒叙法和情感驱动法，助你迅速生成引人入胜的脚本内容。通过这些方法，你将能大幅提升内容创作的效率和质量，轻松打造出更多广受欢迎的爆款内容。

# 第6章
# 利用 AI 制作高爆文率的选题和内容

## 6.1 选题的重要性

选题,即在内容创作过程中确定所要探讨和表达的具体话题或主题,是内容创作的起始步骤,它定下了内容的基调并明确了核心要点。一个出色的选题能激发目标受众的兴趣,并具备成为热门内容的潜质。以日常生活为例,当你在聚会上提及一个大家都感兴趣的话题时,整个氛围都会因此变得活跃起来,这就是一个成功的选题在社交场合中的体现。

在日常生活中,选题无处不在,尤其在写作和演讲领域。无论是学生撰写论文还是进行公众演讲,选题都是至关重要的环节。选择一个既能吸引读者或听众注意,又能充分展示自己观点和见地的话题,如"人工智能在教育中的应用"或"气候变化对全球经济的影响",无疑能增强文章或演讲的吸引力和说服力。

在创作社交媒体内容时,选题的重要性更是凸显无疑。一个吸引人的选题能够聚焦特定受众的关注和参与。以科技博客为例,讨论最新的iPhone发布会往往比谈论一般的科技新闻更能吸引眼球。同时,具有时效性的选题,如在苹果开发者大会期间发布相关内容,其热度会更高。

此外,引人入胜的选题还能提升内容的互动性,激发用户的评论、分享和点赞。例如,在特定环境下,一篇关于"如何在疫情期间保持心理健康"的文章就能引发大量的讨论和分享。同时,热门选题更容易被广泛传播,从而增加内容的曝光率。我们经常会看到各种杂志和媒体上报道的"某明星的新恋情"等热门话题,这类文章在娱乐新闻中传播速度极快。

数据研究也进一步证实了选题的重要性。具有热门话题和趋势选题的内容比普通内容的互动率高出60%以上。根据Statista的数据,选题吸引人的内容在社交媒体上的分享次数是普通内容的两倍以上,点击率更是比普通内容高出45%。以2014年的"冰桶挑战"为例,这一活动鼓励人们在社交媒体上发布自己被冰水淋湿的视频,并为肌萎缩性侧索硬化症(ALS)研究捐款。仅在两个月内,"冰桶挑战"视频在Facebook上的观看次数就超过了100亿,并成功募集了超过1亿美元的捐款。这一案例充分展示了选题在社交网络中的巨大影响力。

下页上图是一张来自某社交媒体传播实操方法论中的数据图表。从这张图表中,我们可以清晰地看到选题在爆款内容中所占据的重要比例,这也进一步强调了选题在内容创作中的核心地位。

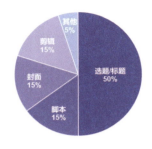

根据占比确定优先级

再举一个奥利奥早期成功利用实时选题进行营销的案例：在2013年超级碗比赛期间，突发了一场停电事件。奥利奥迅速反应，发布了一张配文为"你仍然可以在黑暗中享受奥利奥"的图片，如下图所示。这条推文在发布后仅一小时内便获得了超过1.5万次的转发和数万次的点赞，由此成为实时营销领域的经典之作。这个案例充分凸显了选题的两个核心特征：首先是及时性，选题必须紧跟热点事件，这样才能迅速聚焦大量关注；其次是创意性，将产品与突发事件进行巧妙融合，不仅能展示品牌的机智与幽默，更能深化消费者对品牌的印象与好感。

选题，无论是通过情感共鸣、用户参与、视觉吸引力还是紧跟时事热点，都直接决定了内容的传播效果与品牌的影响力。在社交媒体内容创作中，选题扮演着举足轻重的角色。如今，随着大型语言模型的崭露头角，选题过程得到了前所未有的提升。我们可以借助AI的力量，进行更为系统和精准的选题预判。语言模型能够迅速捕捉品牌的独特属性、平台趋势热点以及对标竞品的选题策略，为创作者指明具有爆款潜力的选题方向。这不仅大幅提升了内容创作的效率，更能精准吸引目标受众，从而显著增强内容的传播力和影响力。

## 6.2 · 如何用 AI 做选题

利用AI技术进行选题，可以显著提升选题的精准性和时效性。AI能够快速分析社交媒体上的热门议题、用户偏好以及竞争对手的内容动向，从而迅速生成具有高互动性的选题。这种选题方式不仅有助于提升内容的质量和传播效果，还能大幅降低内容创作所需的时间和成本。在接下来的内容中，我们将详细介绍一系列方法和工具，助力内容创作者在AI新时代更精准地把握选题方向，进而提升社交媒体内容的影响力和效果。但在深入探讨这些模型和工具之前，我们有必要了解其背后的核心逻辑。接下来，将从两个方面详细阐述为何大型语言模型在选题方面具备天然优势。

## 6.2.1 大语言模型是天生的语言词组计算器

大语言模型（Large Language Model, LLM），如GPT-3、GPT-4、BERT、T5等，是基于深度学习技术的自然语言处理（NLP）巨擘。这些模型由数十亿甚至上千亿的参数构成，并通过海量的文本数据训练，从而能够深入理解和生成自然语言文本。从定义上来看，大语言模型的核心在于处理庞大的文本数据，将词组组合成句子，进而表达思想和情感。在这个意义上，大语言模型无异于一台天生的"词组"计算器，其处理效率自然非人力可比。

谈到语言模型的特点，我们不得不提其四大核心优势。

- 大规模数据训练：大语言模型经过海量数据训练，能够捕捉到丰富的语言模式和上下文信息。以GPT-4为例，它通过数万亿个词汇的数据训练，得以深入理解多种语言和写作风格。
- 上下文理解：这类模型能够理解和生成连贯的上下文文本，因此在处理复杂句子结构和多层次语义时表现卓越。
- 多任务学习：大语言模型具备同时处理多种自然语言处理任务的能力，如文本生成、翻译、情感分析、问答等，使其在不同应用场景下都能灵活应对。
- 生成能力：这些模型能够生成高质量、连贯的文本，特别适用于需要创作和写作的任务。

那么，为何大语言模型如此适合用于社交媒体的选题呢？

- 关键词分析：AI能够快速分析庞大数据，精准识别当前热门关键词和话题。例如，借助Google Trends和社交媒体数据，AI可迅速锁定受关注度最高的主题。
- 受众分析：基于用户兴趣、行为和历史数据，AI能够推荐最可能吸引目标受众的选题。类似Netflix利用AI分析用户观看历史来推荐内容，这一功能助力内容创作者精准选题，吸引目标受众。
- 竞争对手分析：AI可实时监控和分析竞争对手的内容，揭示其成功的选题策略，为创作者提供宝贵参考。
- 趋势预测：通过大数据分析和机器学习，AI能够预测未来内容趋势，助力创作者提前布局。例如，分析社交媒体上的讨论趋势来预测下一个热门话题。

此外，还有一个不可忽视的重要因素——提效。大语言模型能够迅速生成高质量的初步选题内容或提供意想不到的灵感，从而节省创作者大量的时间和精力。

在这里，我们介绍一种名为"AI关键词组建"的选题方法。这是一种利用大语言模型（如GPT-4）进行内容创作的先进方法，如下页上图所示。通过精心分析和组合关键词，这一方法能够生成最具吸引力的选题。接下来，我们将详细阐述其逻辑和操作流程。

### 6.2.2 "AI关键词组建"选题法

社交媒体上的关键词组建是一个精心策划且多阶段的策略过程，它通过深入的关键词研究与分析，旨在优化内容创作及其推广效果。这一过程始于对品牌自身的深刻理解，利用关键词研究工具及品牌资料（如品牌定位、官方网站、官方商店等），精准识别与品牌产品、服务或内容紧密相关的关键词。这些关键词既涵盖具体的长尾关键词（即由多个词组成的搜索短语），也涉及更广泛的行业热词。

紧接着，该策略会紧密关注社交平台的最新趋势，根据目标用户群体的特征和内容偏好，精准定位当前热门的趋势关键词。同时，通过对竞品或行业内优质内容的深入分析，提炼出对标/竞品关键词，从而进一步丰富和完善关键词库。

此外，在需求关键词阶段，策略重点转向客户在社交平台上的具体推广目标、目标受众以及内容偏好，以确保所制订的内容策略与客户需求高度契合。随后的关键词沉淀及分组环节，则是将前期研究和分析所得的关键词按照主题进行细致分类，形成多个紧密相关的关键词组，便于后续广告文案和落地页面的统一规划。

最终，通过运用先进的生成式预训练模型（如GPT），对沉淀的关键词进行巧妙的重组和创意生成，提出既符合市场趋势又满足目标群体期待的内容选题。这不仅实现了内容的高效创作，更确保了推广的精准触达。

总体而言，社交媒体上的关键词组建是一个系统化、数据驱动且创意十足的过程。它通过对品牌、平台、竞品及用户需求的全面剖析，为品牌和内容创作者提供了一套行之有效的工具和方法，从而助力实现更加卓越的社交媒体营销和内容策略成果。下图是对这一关键词组建选题法的简洁而全面的概括。

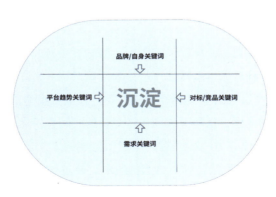

### 步骤1：关键词收集

想象一下，你正站在一个巨大的关键词网络上，这个网络被4条线巧妙地分割成上、下、左、右4个区域。在这个网络中，每个区域都承载着不同类型的关键词：上方是代表品牌精髓的词汇，左侧汇聚了当前社交平台的热门趋势词，右侧则是对标和竞品的关键词聚集地，而下方，则深深沉淀着反映用户需求的关键词。我们的任务就是在这4个方向中，精心挑选出那些最有可能激发人们兴趣的关键词组合。你可以将这个过程视作一个精细的漏斗筛选，在这个网络中，一点点地筛选出那些最具潜力的词组。

### 步骤2：关键词分类与筛选

当我们完成了关键词的初步收集，下一步便是将这些词汇进行细致的整理和分类。在这一阶段，我们会根据用户需求，对之前挑选出的关键词进行进一步的筛选，以确保最终选择的精准性。简而言之，就是要用用户的需求作为一把尺子，去衡量和筛选每一个关键词的必要性。在此，简要介绍这4个方向的关键词类型。

- 品牌关键词：这些词汇紧密围绕品牌的核心价值，如"有机"和"无添加"对于一个致力于健康食品的品牌来说，是其品牌关键词的典型代表。
- 趋势关键词：它们反映了当前社交媒体和搜索引擎上的热门话题，比如"可持续发展"和"零废弃生活"，都是当下备受关注的趋势词汇。
- 竞品关键词：通过分析竞争对手的热门内容，可以提取出这些关键词，比如从对手发布的热门文章标题中，就能发现不少有价值的关键词。
- 受众需求关键词：这些词汇直接来源于用户的评论和反馈，它们真实地反映了用户的需求和期望，比如"简单快捷的早餐"和"儿童营养"，都是用户明确表达的需求点。

### 步骤3：关键词重组与创意生成

最后，我们将借助ChatGPT这样的强大语言模型，对筛选出的关键词进行组合与排列，以寻找那些最具创意和吸引力的内容选题。在这一过程中，我们会运用多种方法，如前后对比、引发共鸣、AIDI模型以及故事叙述等，来确保生成的内容既能抓住用户的眼球，又能深入人心。

---

#### 举例1：健康食品品牌

- 基础关键词：健康饮食、有机食品、儿童营养。
- 品牌关键词：有机、无添加、天然。
- 趋势关键词：可持续发展、零废弃生活。
- 竞品关键词：简单快捷的早餐、家庭健康。
- 受众需求关键词：快速、营养、美味。

初步选题：

- 有机食品对儿童健康的影响
- 快速准备的健康早餐

通过关键词组建法优化的选题：
- 有机食品，给孩子最纯净的爱
- 看着孩子健康成长，是父母最大的幸福

**举例2：科技博客**
- 基础关键词：AI技术、数据分析、未来趋势。
- 品牌关键词：创新、前沿、科技。
- 趋势关键词：物联网、人工智能、5G技术。
- 竞品关键词：AI应用、智能家居。
- 受众需求关键词：实用指南、未来展望、技术解读。

组合选题：
- AI技术在未来生活中的五大应用
- 如何利用数据分析提升业务决策

通过关键词组建法优化的选题：
- 未来的家庭：AI助手如何帮我管理一切
- 智慧城市的日常生活：AI让一切变得更简单
- 决策中的智慧：数据分析让我们少走了多少弯路

借助关键词组建选题的方法，并结合大语言模型（例如GPT-4）强大的数据处理与文本生成能力，内容创作者如今能够迅速生成高质量、有针对性的选题。这种创新方式不仅显著提升了创作效率，更能精准满足目标受众的多样化需求，从而有效增强内容的吸引力和传播效果。在此基础上，还可以对生成的选题进行进一步的精细化筛选。通过运用ChatGPT进行语义分析，我们能够挑选出那些逻辑通顺且富有吸引力的选题；同时，结合情感分析技术，确保所选选题能够触发受众的积极情感共鸣，进一步提升内容的感染力和影响力。接下来，我们将深入介绍关键词组建的具体方法，并详细演示如何在每个环节中精准锁定关键词序列，助力创作者打造出更加出色的内容选题。

### 6.2.3 品牌/自身关键词

品牌/自身关键词是品牌建设的基石，正如古人所言，"知己知彼，百战不殆。"若要推动品牌更好地发展，首要之务便是明确自身的定位，而这正需从精准把握品牌关键词着手。品牌关键词，即那些与品牌紧密相关、能传达其核心价值、形象和独特特质的词语或短语。它们如同品牌的"身份证"，帮助消费者迅速识别和记忆品牌，从而在市场中构建并维护独特的品牌识别度和消费者联想。

以耐克为例，其品牌关键词可能包括"运动""创新"和"胜利"，这些词汇共同塑造了耐克在消费者心中的形象。品牌关键词的重要性不言而喻，它们不仅提高了品牌的识别度，使消费者一看到或听到这些词就能联想到品牌，还能清晰地传达品牌的核心价值和使命，同时在竞争激烈的市场中帮助品牌脱颖而出。

为了寻找这些关键的品牌词汇，可以从多个维度进行深入挖掘。

- 目标受众分析：深入了解和分析目标受众的需求、偏好和行为模式，这是品牌定位的出发点。通过市场调研和消费者反馈，我们可以确定品牌的目标受众，并据此进行精准定位。
- 竞争分析：研究竞争对手的定位策略，寻找市场中的差异化机会。通过对比分析，我们可以明确品牌的独特卖点，从而在市场中占据有利地位。
- 核心价值定位：明确品牌的核心价值和使命，如质量、创新或环保等。这些核心价值应贯穿于品牌的所有沟通活动中，保持一致性和连贯性。
- 品牌个性塑造：为品牌赋予独特的个性和形象，如高端、时尚或科技前卫等。这种个性化的定位有助于品牌在消费者心中留下深刻印象。
- 情感连接建立：通过讲述品牌故事和运用情感营销策略，与消费者建立深厚的情感联系。这可以增强消费者的品牌忠诚度，促进品牌的长远发展。
- 产品特性强调：突出产品的独特特性和优势，如高科技含量、环保材料或创新设计等，以此作为品牌定位的重要依据。
- 优化品牌体验：关注消费者在接触品牌过程中的整体体验，包括产品使用、服务质量和购物环境等。提供卓越的品牌体验有助于提升品牌在市场中的竞争力。
- 制订合理价格策略：根据目标市场和竞争状况，制订符合品牌定位的价格策略。这有助于传达品牌的品质和独特性，同时满足消费者的购买需求。
- 地理定位策略：针对特定的地理市场进行品牌定位，利用地理位置的独特性和文化价值来提升品牌的吸引力和影响力。
- 履行社会责任：积极参与公益活动和社会责任项目，提升品牌形象的同时，也体现了品牌的社会价值和担当。

寻找品牌关键词是一个持续不断的过程，需要不断地倾听用户声音并进行调整和优化。对于初创品牌而言，可以通过分析产品介绍、官方店铺信息以及过往的爆款产品或明星产品来提炼关键词。此外，还可以利用语言模型技术，上传品牌相关素材并让其帮助总结品牌或产品的关键词。这将大大提高品牌定位的准确性和效率。

综上所述，品牌/自身关键词是品牌建设不可或缺的一部分。通过深入挖掘和精准定位这些关键词，我们可以为品牌构建坚实的基石，推动其在市场中实现更好地发展和成长。

如果这里的关键词不是指代产品，而是指代创作者自己的内容，我们将其称为"自身关键词"。在社交媒体内容的创作中，这些自身关键词反映了创作者的内容属性，比如其风格是幽默诙谐还是故作正经，个性是外向还是内向，形象是单纯快乐的还是富有社交魅力的。为了明确这些属性，我们需要提炼出能够代表作者或内容本身的关键词。这些关键词可能包括"搞笑段子""发人深省的故事"等，具体取决于内容的性质和目的。

在确定这些自身关键词时，语言模型可以为我们提供有力的帮助，以下是两种常用的方法。

- 往期爆文内容汇总：通过分析创作者以往的爆款内容，我们可以总结出那些频繁出现、与创作者风格紧密相关的关键词。这些关键词不仅代表了创作者的核心内容属性，还可能预示着未来内容的方向和受众喜好。
- 内容策划中的人物关键词：对于没有丰富往期内容的新创作者，我们可以参考其在内容策划阶段所设定的人物关键词。这些关键词通常涵盖了创作者希望塑造的形象、传递的价值观以及目标受众的特征，因此可以作为提炼自身关键词的重要依据。

综上所述，通过精心选择和运用自身关键词，创作者能够更准确地定位自己的内容风格，从而在社交媒体上塑造出独特且吸引人的个人形象。

找到了品牌/自身关键词，接下来是选题中最重要的部分"平台趋势关键词"。

### 6.2.4 平台趋势关键词

平台趋势关键词的概念相对直观易懂。它主要指的是，当你在某个社交媒体平台上发布内容时，该平台当前正在流行或热议的话题趋势。我们熟悉的微博热搜便是一个典型例子，它直接展示了平台上的热点话题。如今，已有众多工具能预测各社交网络的热点趋势，为内容创作者提供参考。

除了专业的内容制作热点预测工具，也有简便的方法可直接查找平台热点。以小红书为例，你只需在搜索栏输入关键词，系统便会展示用户最常搜索的热点词汇。从这些热点词中，可以挑选出感兴趣的话题。另外，点击推荐词后下拉页面，找到"大家都在搜"的区域，也能发现更多热门话题和趋势。这种方法既快捷又实用，有助于你紧跟平台潮流，创作出更受欢迎的内容。

如下页上图所示，当我们在平台上搜索"穿搭"时，会发现其他用户也在搜索如"穿搭高级感""穿搭博主""穿搭风格分类"等关键词。同时，在"大家都在搜"的推荐栏中，平台还为我们展示了4个与穿搭相关的热点关键词。这些关键词反映了平台上的流行趋势和用户兴趣，是平台热点的重要体现。

平台主要通过深入分析用户的搜索行为、实时跟踪趋势变化、统计搜索量数据、评估内容相关性、提供个性化推荐，以及运用SEO（搜索引擎优化）和广告策略、整合社交媒体和新闻数据，再结合先进的机器学习和AI技术，来精准地生成这些推荐词。这些推荐不仅帮助用户迅速找到所需信息，还极大地提升了用户的搜索体验。

对于在社交网络上创作内容的人来说，如果能在内容、标题、文案中融入这些被人频繁搜索的关键词或问题的答案，那么内容的点击率自然会得到提升。这正是我们常说的SEO原理的实践应用。通过巧妙利用这些平台趋势关键词，创作者可以更有效地吸引目标受众，提升内容的曝光度和影响力。

直接输入关键词　　　　　　　　　　大家都在搜

### 6.2.5　对标/竞品关键词

"知己知彼，百战不殆。"这句话告诉我们，在市场竞争中，除了深入了解自己的定位，更要洞察竞争对手的情况。掌握竞争对手的关键词定位，是制订有效营销策略、提升产品竞争力的关键。我们必须明确竞争对手在社交媒体上的内容定位，进行查重、排重，并借鉴其经验，这一环节至关重要。

为了精准把握竞争对手的关键词定位，以下是一些实用的方法。

- 运用SEO工具：借助SEO工具，如Google Keyword Planner，我们可以获取特定关键词的搜索量和竞争度信息，从而洞察竞争对手的关键词策略。
- 深入剖析竞争对手网站：通过仔细分析竞争对手网站的页面标题、元描述以及内容，我们可以发现他们使用的核心关键词和内容策略。
- 社交媒体监测：关注竞争对手的社交媒体账号，观察他们发布的内容、使用的标签和关键词。利用社交媒体监控工具，如Sprout Social，跟踪并分析其社交媒体活动，揭示其关键词运用和互动情况。
- 研究竞争对手的内容策略：通过阅读竞争对手的博客、文章以及多媒体内容，我们可以洞察其常用的关键词和内容主题。同时，分析用户评论和反馈，了解用户关注的关键词和话题，有助于我们更精准地把握市场需求。
- 参考行业报告和研究：阅读与行业相关的市场研究报告，进行市场调研，可以帮助我们了解竞争对手的市场定位和关键词使用情况，从而把握市场趋势。

通过综合运用这些方法，我们能够全面了解竞争对手的关键词定位，并借鉴其成功经验和策略，同时结合自身的特点做出差异化调整。此外，持续监控和分析竞争对手的动态，灵活调整自己的关键词和营销策略，是保持市场竞争力的关键。

在社交媒体内容分析中，我们可以利用ChatGPT等先进技术，通过简单的提示词快速找到竞争对手近期投放的热门社交媒体内容和竞价广告。整理这些文案后，我们可以进一步分析其关键词运用和市场策略，为自己的营销活动提供有力支持。

通过深入分析竞品在社交平台上的文案或所贴标签，我们能够精准地识别出其关键词。这一过程不仅有助于我们借鉴其成功经验，更能为我们提供差异化的内容创作思路，从而巧妙避开其关键词，打造独具特色的内容。当竞品以内容形式存在时，我们同样可以运用这一逻辑，通过捕捉文案要点或利用语言模型解析链接，来精准总结对标或竞品的关键词，为自身的内容创作和市场定位提供有力支持。

### 6.2.6 需求关键词

在进行关键词筛选时，需求关键词环节的重要性不容忽视。相较于将其视为简单的加法累积，更应理解为一种精准的减法筛选。我们可以将其比喻为一个倒置的漏斗，通过这一漏斗，对先前筛选出的自身/品牌关键词、平台趋势关键词以及对标/竞品关键词进行进一步的细致筛选。需求关键词的核心在于明确社交内容制作的目的，并精准满足目标受众的偏好。

社交内容的关键词与传播目的紧密相连，具体可包括：

- 新品上市：借助关键词突出新品特色与优势，吸引潜在消费者的目光。
- 大促引流：运用关键词引导更多用户访问网站或店铺，参与促销活动，助力销售额提升。
- 人群破圈：通过关键词拓展品牌影响范围，吸引不同兴趣和背景的用户群体关注。
- 深度种草：以关键词为引导，深化用户对产品的了解，增强其对产品的兴趣和认同感。
- 效果转化：利用关键词提高用户转化率，实现从关注到购买的顺畅转化。

同时，在筛选需求关键词时，还需充分考虑目标客户的内容偏好及其活跃的平台特性。这些偏好涵盖：

- 干货类：提供实用知识与技巧，满足用户学习提升的需求。
- 娱乐创意类：凭借创意与趣味内容吸引用户，增强品牌的娱乐性与互动性。
- 测评内容：全面评测产品性能，帮助用户了解产品的真实表现。
- 促销内容：直接推送促销信息与优惠活动，激发用户的购买意愿。
- 生活分享：通过贴近生活的内容展示产品应用场景，与用户建立深厚的情感纽带。

在筛选过程中，我们遵循以下步骤。

1. 初步筛选：从多个维度筛选出初步的关键词列表。
2. 需求过滤：结合传播目的与内容偏好，剔除不符合当前需求的关键词，如针对新品上市，则重在选取能凸显新品亮点的关键词。

3. 平台适配：考量关键词在不同平台上的表现效果，选择最符合目标平台特性的关键词，如在短视频平台上，更侧重选择直观且吸引人的关键词。
4. 优化组合：对筛选后的关键词进行优化组合，确保其能够最大限度地传递品牌信息与满足用户需求。

经过这一系列精心策划与筛选，我们最终得出符合需求的关键词序列，并将其作为提示词输入，为后续工作奠定坚实基础。

### 6.2.7　四大选题提示词模板

经过上述步骤，我们得到了一个精练的关键词列表。这些关键词不仅符合品牌定位和市场趋势，还能切实反映用户需求和平台特点。接下来，我们将这些关键词整理成提示词，并输入到语言模型中，让ChatGPT帮助我们找到最佳的组合。在这个过程中，我们会应用到4个提示词模型，分别如下。

1. 前后对比：通过对比过去和现在，突出产品的进步和优势。
2. 引发共鸣：通过情感共鸣，吸引用户的注意力和认同。
3. AIDI模型：通过注意（Attention）、兴趣（Interest）、欲望（Desire）、行动（Action）4个步骤，引导用户从关注到购买。
4. 故事叙述：通过讲述一个有趣或感人的故事，让用户更容易理解和记住品牌信息。

为什么要用这些方法来写选题？

#### 1.前后对比

通过前后对比，产品的改进与创新能够得到凸显，进而充分展现其在技术、性能或设计层面的卓越优势。这种直观的对比方式，使用户能够清晰地观察到产品的提升与变革，从而加深对产品的认同与信赖。

例如，在推广新产品时，我们可以采用具体的数据或图表，详细展示新产品相较于旧产品在功能、效率或外观设计上的显著改进。这种直观的对比方式，不仅能够增强说服力，还能帮助用户更全面地了解产品的优势与特点。

---

**爆款选题Prompt（前后对比）**

你现在是专业编辑，改写以下关键词为短视频的选题，选题采用前后对比的方法，制造悬念，引发人们的好奇心，每一个关键词改写3个标题。

- #上班舒适又精致的穿搭#
- #自由松弛#
- #慵懒随性#

---

#### 2.引发共鸣

情感共鸣能够深化用户对品牌的情感纽带，进而提升其对品牌的忠诚度。当用户察觉到品牌在情感层面与自己产生共振时，将更易于对品牌萌生好感并形成依赖。

为了引发用户的共鸣，可以采取多种方式，如叙述用户使用产品后所经历的真实感受与故事，或者展示产品如何为他们的生活带来积极的改变。这些手法能够有效触动用户的情感，从而加强他们与品牌之间的连接。

> **爆款选题Prompt（引发共鸣）**
>
> 你现在是专业编辑，改写以下关键词为短视频标题，通过情感的共鸣产生极大的身份认同感，与用户产生交流，帮助用户自我表达，让用户有代入感。每一个关键词改写3个标题。
>
> 举个例子：《刷朋友圈就像从垃圾堆里找吃的》
>
> - #轻复古夹克#
> - #轻复古穿搭#
> - #办公室脱了外套穿什么#

### 3. AIDI模型

AIDI模型，作为一种备受推崇的经典营销模型，具备出色的能力来有效引导用户行为。该模型通过精心设计的步骤——首先吸引用户的注意，接着激发兴趣，然后引导出欲望，并最终促成行动，从而确保所呈现的内容不仅具有强大的吸引力，还能实现优异的转化率。

举一个实例，我们可以依托AIDI模型来构思并落实一个完整的营销流程。起初，通过吸引人的广告来捕捉用户的目光，引导他们点击并进一步浏览产品详情。随后，在产品展示环节巧妙地激发兴趣，使用户对商品产生浓厚的兴趣。紧接着，通过精心策划的营销策略来激发用户的购买欲望。最后，在确保用户购买决策的关键时刻，提供便捷的下单购买渠道，从而确保整个流程能够顺畅地引导用户一步步向前，最终实现购买行为。

> **爆款选题Prompt（AIDA模型）**
>
> 你现在是专业编辑，改写以下关键词为短视频的选题，选题采用AIDA广告模型：注意（Attention）、兴趣（Interest）、欲望（Desire）、行动（Action）4个阶段。请通过这个模型将以下每一个关键词改写4个标题，来吸引受众的注意力，激发他们的兴趣，引发欲望，并最终促使他们采取行动。
>
> - #上班舒适又精致的穿搭#
> - #自由松弛#
> - #慵懒随性#

### 4. 故事叙述

故事叙述作为一种极为高效的传播手段，能够通过引人入胜的故事情节牢牢抓住用户的注意力，同时在潜移默化中巧妙传递品牌的核心信息。故事的独特魅力在于其强烈的感染力和深刻的记忆性,这使用户能够更深刻、更持久地记住品牌。

举例来说,我们可以通过精心讲述品牌创立背后的传奇故事、产品开发过程中的精彩瞬间,或者用户真实的使用体验和感人故事,来赋予内容更加鲜明的吸引力和强烈的感染力。这样不仅能够让用户对品牌产生更深的情感共鸣,还能有效提升品牌的认知度和影响力。

> **爆款选题Prompt(故事叙述)**
>
> 你现在是专业编辑,改写以下关键词为短视频的选题,选题采用故事叙述的方法:一个吸引人的故事可以有效地传递广告信息,使用各种叙事技巧,如冲突、高潮、解决方案等,来构建有说服力的故事。请通过这个方法将以下每一个关键词改写3个标题,标题写成故事的开头,引发关注。
>
> - #轻复古夹克#
> - #轻复古穿搭#
> - #办公室脱了外套穿什么#
> - #上班舒适又精致的穿搭#
> - #人间理想穿搭#

在关键词组建选题法中,精心挑选适合的模型是至关重要的环节。因为不同的模型能够助力我们实现各异的创作目标,进而显著提升内容的吸引力和效果。下面,将深入阐释为何需要在前后对比模型、引发共鸣模型、AIDI模型和故事叙述模型这4个模型中做出明智的选择。

- 前后对比模型,其核心价值在于通过鲜明的对比,直观展现产品或服务所带来的显著变化,从而凸显其独特优势和实际效果。这种模型非常适合用于展示产品使用前后的对比效果,以此激发用户的购买欲望。同时,它也可以用于展示服务所带来的明显改善,进而增强用户对服务的信赖感。
- 引发共鸣模型,则侧重于通过触动人心的情感故事来引发观众的共鸣,从而增强内容的情感吸引力,并促进用户的分享与互动。这种模型非常适合用于讲述品牌故事,以此提升品牌的亲和力和认同感。此外,通过情感故事的讲述,还能够深化观众与内容的情感联系,进而提高内容的分享率。
- AIDI模型,是一种结构化的引导方式,旨在逐步吸引观众的注意力,并最终促成实际行动。这种模型非常适用于营销和广告场景,通过有序的步骤吸引观众注意、激发兴趣、点燃欲望,并最终推动购买或采取其他行动。同时,它也能够结构化地展示产品的特点和优势,鼓励用户做出积极的决策。
- 故事叙述模型,则通过引人入胜的故事情节来展示产品或服务的特点和优势,从而增强内容的叙事性和吸引力。这种模型非常适合用于内容营销和品牌塑造,通过生动的故事形式来讲述产品或服务的使用场景和实际效果。同时,它也能够通过故事来传递品牌的价值和理念,进而强化品牌形象。

选择合适的模型能够最大限度地发挥内容的效果，确保信息能够有效传递并引起观众的浓厚兴趣。例如，前后对比模型能够直观展现效果变化，引发共鸣模型能够触动人心，AIDI模型能够有序引导行动，而故事叙述模型则能够增强内容的叙事魅力。

不同的选题方向需要采用不同的表达方式。因此，在选择模型时，我们需要确保所选模型与选题方向高度契合，从而提高内容的针对性和吸引力。例如，针对产品推广的选题，前后对比模型和AIDI模型可能更为适合；而针对品牌故事的选题，则可能更适合采用引发共鸣模型和故事叙述模型。

此外，我们还需要充分考虑受众的需求和偏好。不同的受众群体对内容有不同的期待和接受方式。因此，在选择模型时，我们需要深入了解受众的特点和需求，以确保所选模型能够最大限度地满足他们的期望并提高内容的互动性和吸引力。例如，年轻观众可能更倾向于情感共鸣和故事叙述的方式，而专业观众则可能更注重结构化的信息展示（如AIDI模型）。

在确定了合适的模型之后，我们将根据选题方向沉淀下来的系列关键词替换掉提示词中的特定部分，并输入到语言模型中。接下来，将展示这一过程的具体操作，并分享如何有效地寻找和筛选每一部分的关键词。

### 6.2.8 关键词组建方法实操演示

在进入实操演示环节之前，让我们先回顾一下关键词组建选题法的核心逻辑。该方法的实施包含以下几个关键步骤。

**01** 品牌/自身关键词的筛选：这一步涉及挑选与品牌或自身紧密相关的关键词，这些关键词能够准确反映品牌的核心价值和特色。

**02** 平台趋势关键词的捕捉：在此阶段，我们需要敏锐地捕捉当前平台上的热门趋势关键词，这些关键词通常与时下热点、流行趋势紧密相连，有助于提升内容的时效性和吸引力。

**03** 对标/竞品关键词的分析：通过对竞争对手或对标账号的关键词进行深入分析，可以洞察行业动态，发现潜在的市场机会，并据此优化自身的选题策略。

**04** 需求关键词的精准定位：根据目标受众的实际需求，需要精准筛选出那些能够切实满足用户需求、解决用户痛点的关键词。

> 品牌/自身关键词 + 平台趋势关键词 + 对标/竞品关键词 + 需求过筛 = 沉淀最终关键词

经过上述步骤的精心筛选与沉淀，我们得到了最终的关键词序列。接下来，将这些关键词融入选题模型中。我们会根据具体的选题需求，选择最合适的模型来构建我们的选题。

现在，让我们通过一个实际案例来详细演示如何进行关键词的组建和选题的确定。以前文中塑造的网红形象"都市疗愈日记"为例，将为其策划一条关于"缓解工作压力"的视频内容。

#### 步骤一：确定品牌/自身关键词

对于这条自媒体内容，可以采用两种方法来总结自身关键词。首先，如果已有往期爆文，可以通过深入分析这些成功的内容，提炼出其中的核心关键词。然而，如果没有往期内容可供参考，可以运用人物关键词策划方法，从内容策划的初衷和目标中萃取关键词。

在前文中，我们已经为"都市疗愈日记"这一形象精心策划了方案，并确定了关键词。现在，将这些关键词复制下来以备后用。

- #都市疗愈先锋
- #每日疗愈仪式
- #快乐实践导师

这些关键词不仅凸显了"都市疗愈日记"的核心特质，还将为后续的选题和内容创作提供有力的指引。

步骤二：平台趋势关键词

在小红书等平台进行搜索，针对"工作压力"这一主题深入挖掘了平台趋势关键词，如下图所示。通过细致的分析与筛选，从众多热门搜索中精选出以下几个方向的关键词。

- #工作减压
- #工作焦虑停止内耗
- #工作内耗调整心态
- #工作减压玩具
- #工作减压冥想

这些关键词不仅紧密围绕"工作压力"这一主题，而且反映了用户在面对工作压力时最关注的问题和寻求的解决方案。我们将利用这些关键词，为"都市疗愈日记"打造更具针对性和吸引力的内容。

步骤三：对标/竞品关键词

为了进一步提升内容质量，我们深入研究了疗愈领域内的优秀内容，特别是竞争对手的账号。通过分析其成功因素，我们得以洞察受众喜好和市场趋势。以小红书上一个热门视频内容为例，该视频标题为《这条视频将让你沉浸式释放情绪》，其文案中提及的关键词引起了我们的注意。

在仔细分析后，从该视频文案中提取出了以下关键提示词，并将它们输入GPT模型中，以期为我们的选题和内容创作带来更多灵感和启发。这些提示词不仅反映了用户对于疗愈内容的实际需求，也揭示了行业内容创作的最新动态。通过将这些宝贵的信息融入选题策略，我们相信能够打造出更加符合市场需求、更具吸引力的疗愈内容。

Prompt

这是一条×××产品的爆款视频文案：（粘贴文案）分析它能成为爆款的原因，并从用户角度提取这个内容能成为爆文的3个关键词，并给出原因。

这是一条爆款视频《这条视频将让你沉浸式释放情绪》的文案，分析下它能成为爆款的原因，并提取3-5个关键词。文案：所有人不要用你的脑子去看这条视频，我们只关注感受。你可以利用这条视频重复释放，阻碍你的情绪。我将用圣多纳式方法让你沉浸式体验释放情绪的感觉。很多时候，情绪只是一种感觉，是我们紧紧的抓住它不放开。释放就跟抛物一样简单，你随意抓取你身边的一个东西，你跟着我一起做，你抓住它。
你只要抓住他，然后你放开，感受这种放开的感觉就这么简单。现在你很安全，没有人能听到你说话，你告诉我什么在困扰着你。
你对他是什么感觉?
找到一个词去概括的无助。
匮乏、焦虑、绝望。
它在你身体的哪个部位，胸腔、胃头感受一下。好，不要思考这期视频，我们不思考，允许自己感受这份感觉。
你能放开他吗?
你愿意放开他吗?
什么时候?
让自己重新感受你现在的感觉。
允许自己感受它。
你能让他离开吗?
你愿意让他离开吗?

提问

提取的3-5个关键词：

1. 情绪释放
2. 沉浸体验
3. 互动性强
4. 圣多纳式方法
5. 安全感

这些关键词集中反映了视频的核心卖点和吸引力，帮助它成为爆款视频。

回答

总结前三步提取的所有关键词如右图所示。

#都市疗愈先锋
#每日疗愈仪式
#快乐实践导师
#工作减压
#工作焦虑停止内耗
#工作内耗调整心态
#工作减压玩具
#工作减压冥想
#情绪释放
#沉浸体验
#互动性强
#圣多纳式方法
#安全感

### 步骤四：需求过筛

在这一步中，将根据目标受众的实际需求进行细致的挑选，尤其在进行产品推广时，这一步显得尤为重要。这个过程可以形象地比作一个漏斗，通过它我们能够筛选出那些最有可能激发受众兴趣、引发广泛关注的词组。这些精选的词组将构成我们内容创作的核心，有助于提升信息的传播效率和受众的参与度。

| 筛选前 | 筛选后 |
| --- | --- |
| #都市疗愈先锋<br>#每日疗愈仪式<br>#快乐实践导师<br>#工作减压<br>#工作焦虑停止内耗<br>#工作内耗调整心态<br>#工作减压玩具<br>#工作减压冥想<br>#情绪释放<br>#沉浸体验<br>#互动性强<br>#圣多纳式方法<br>#安全感 | #都市疗愈先锋<br>**#每日疗愈仪式**<br>**#快乐实践导师**<br>**#工作减压**<br>#工作焦虑停止内耗<br>#工作内耗调整心态<br>#工作减压玩具<br>#工作减压冥想<br>#情绪释放<br>#沉浸体验<br>#互动性强<br>#圣多纳式方法<br>#安全感 |

### 第五步：填写模型，生成选题

在确定了最终的关键词序列之后，将根据这些关键词选择适合的选题模型进行内容创作。在本例中，我们选择"前后对比模型"，通过展示前后的状态对比，来突出我们所提供的解决方案的显著效果。现在，我们将最终沉淀下来的关键词融入前后对比模型的提示词中，以便生成引人入胜的内容。通过这种方式，能够更加直观地展现产品的优势，增强受众对我们所提供解决方案的信任感和兴趣。

---

**爆款选题Prompt（前后对比）**

你现在是专业编辑，改写以下关键词为短视频的选题，选题采用前后对比的方法，制造悬念，引发人好奇，关键词可以重新组合排列到一起，组合后的每一个关键词改写**3个选题**。

关键词如下：

- #都市疗愈先锋
- #工作焦虑停止内耗
- #工作内耗调整心态
- #工作减压玩具
- #工作减压冥想

---

> - #情绪释放
> - #互动性强
> - #安全感

最终ChatGPT输出的结果如下图所示。

**选题一：#都市疗愈先锋**
1. 从焦虑到放松：都市疗愈先锋的心态调整之旅
   - 对比都市高压生活中的焦虑状态与通过疗愈先锋方法实现的放松状态。
2. 都市疗愈先锋：让你的工作减压玩具变身心灵解药
   - 对比传统减压方法与都市疗愈先锋推荐的创新减压玩具带来的效果。
3. 都市疗愈先锋与冥想的碰撞：高效工作的秘密
   - 对比没有疗愈方法的工作状态与通过都市疗愈先锋和冥想提升工作效率的效果。

**选题二：#工作焦虑停止内耗**
1. 从内耗到轻松：摆脱工作焦虑的秘密武器
   - 对比焦虑内耗严重的工作状态与通过有效方法停止内耗后的轻松状态。
2. 停止内耗：如何通过减压冥想重拾工作动力
   - 对比未使用冥想时的内耗状态与使用冥想后恢复工作动力的状态。
3. 工作焦虑大揭秘：从情绪释放到安全感重建的全过程
   - 对比情绪释放前后的状态变化，揭示安全感重建的重要性。

**选题三：#工作内耗调整心态**
1. 心态大调整：从工作内耗到积极面对
   - 对比心态调整前后的工作状态，展示积极心态的重要性。
2. 从内耗到释放：工作减压玩具如何助你心态重建
   - 对比使用减压玩具前后，展示如何通过玩具重建工作心态。
3. 内耗心态调节法：都市疗愈先锋的独家秘诀
   - 对比无疗愈方法的内耗状态与通过疗愈先锋方法调节后的心态变化。

**选题四：#工作减压玩具**
1. 工作减压玩具对比测评：从无效到神奇的逆袭之路
   - 对比不同减压玩具的效果，展示哪些玩具最能有效减压。
2. 从焦虑到释压：减压玩具如何改变你的工作状态
   - 对比无减压玩具时的焦虑状态与使用减压玩具后的释压状态。
3. 减压玩具的情绪释放魔法：让工作变得更轻松
   - 对比情绪未释放时的状态与通过减压玩具释放情绪后的状态。

**选题五：#工作减压冥想**
1. 从压力山大到平静自如：工作减压冥想的奇效
   - 对比未使用冥想时的压力状态与使用冥想后的平静状态。
2. 工作减压冥想大揭秘：如何停止内耗、重获安全感
   - 对比无冥想时的内耗状态与通过冥想重获安全感后的状态。
3. 都市疗愈先锋推荐：工作减压冥想的神奇效果
   - 对比未使用疗愈方法的工作状态与通过疗愈先锋推荐的冥想方法后的效果。

**选题六：#情绪释放**
1. 情绪释放前后对比：从压抑到轻松的工作心态转变
   - 对比情绪未释放时的压抑状态与释放后的轻松状态。
2. 情绪释放大作战：工作减压玩具如何助你解压
   - 对比无减压玩具时的情绪状态与通过玩具释放情绪后的效果。
3. 释放情绪，重拾工作动力：都市疗愈先锋的独家秘方
   - 对比情绪未释放时的工作状态与通过疗愈方法释放情绪后的状态。

**选题七：#互动性强**
1. 互动性强的减压玩具测评：从无聊到有趣的办公时光
   - 对比无互动性玩具时的工作状态与使用互动性强的玩具后的状态。
2. 情绪释放的互动体验：减压冥想的双重效果
   - 对比单独冥想与通过互动性强的冥想方法释放情绪的效果。
3. 互动性强的疗愈方法：从焦虑到安全感的全面提升
   - 对比无互动疗愈方法时的焦虑状态与通过互动疗愈方法后的安全感重建。

**选题八：#安全感**
1. 工作内耗与安全感的对比：如何通过疗愈先锋方法重建安全感
   - 对比无安全感时的内耗状态与通过疗愈方法重建安全感后的状态。
2. 安全感提升大揭秘：从情绪释放到心态调整的全过程
   - 对比情绪未释放时的安全感缺失与通过情绪释放后心态调整的状态。
3. 减压玩具如何增强你的安全感：从焦虑到平静的转变
   - 对比无减压玩具时的安全感缺失与使用玩具后的安全感提升。

经过仔细筛选，最终选定了以下3个选题："从内耗到轻松：摆脱工作焦虑的秘密武器""内耗心态调节法：都市疗愈先锋的独家秘诀"以及"从焦虑到释压：减压玩具如何改变你的工作状态"。这些选题不仅紧扣"工作压力"这一主题，而且通过前后对比等方法，突出了解决方案的效果，更能吸引受众的注意。

通过系统化的关键词组建和选题模型，我们能够高效地生成既符合受众需求又顺应平台趋势的优质内容，从而显著提升内容的关注度和互动率。实际上，利用AI进行内容创意，包括我

们介绍的关键词组建方式，本质上是一种集体智慧的体现，类似一场头脑风暴。在这个过程中，你就像是台上的指挥家，引领着整个团队的创意方向；而团队成员则各自负责精挑细选、完善细节，最终共同创作出一件艺术品般的内容佳作。这种协作方式不仅提高了内容创作的效率，还确保了作品的质量和创意性。

## 6.3 用 AI 生成脚本以及实用六大脚本模型

在信息爆炸的时代，内容创作者们渴望能够快速、高效地创作出引人入胜的社交媒体内容。如今，借助AI的力量，仅需5分钟，便能生成一篇能吸引千万人目光的爆文脚本。我们将众多爆文模型巧妙地融入提示词中，你只需轻松"完词填空"，即可迅速生成各类高质量的脚本。

这不仅极大提升了内容创作的效率，还能让你的内容在激烈的社交媒体竞争中独树一帜。无论你的目标是打造带货视频、叙述感人故事，还是解答观众的疑惑，AI都能为你提供恰如其分的脚本模板。利用这些模板，可以迅速制作出极具吸引力的内容，及时响应市场需求，进而增强品牌影响力。

在本节中，将深入介绍六大常用脚本模型，并提供相应的提示词模板，包括带货脚本、HERO模板、故事叙述法、问题解决法、倒叙法以及情感驱动法。每一个模板都经过我们精心设计，旨在帮助你高效创作出满足不同需求的优质内容。

你准备好迎接AI引领的内容创作新纪元了吗？让我们一起探索如何利用AI生成脚本，并深入掌握这六大脚本模型的精髓。

脚本，作为一种详细描述情节、对话、场景和动作的文本文档，广泛应用于电影、电视、广告、视频等多个领域。它不仅为制作团队提供了清晰的创作指南，还确保了所有参与者对内容和表现方式有统一的理解。脚本涵盖对话、旁白、场景描述等多元素，旨在为观众呈现一个连贯且引人入胜的故事或信息。

撰写脚本的方法多种多样，主要取决于内容类型、目标受众以及创作者的个人风格。其中，三幕式结构、故事圆环、倒叙法以及问题解决法等都是脚本表达中常见的方法。

了解这些常见脚本结构后，我们再来探讨如何与ChatGPT进行更有效的交流，以产出更优质的脚本。大家都熟知提示词的三步法：明确角色、阐述背景、给出结构。通过为ChatGPT提供明确的角色定位、上下文背景以及合理的结构框架，我们可以确保其生成的内容更加符合我们的需求，避免无休止的闲聊，让生成的结果更加精准和实用。

现在，让我们进一步了解那些常用的脚本模型吧。

### 6.3.1 短视频脚本和影视制作脚本

我们刚刚探讨了常见的脚本创作方法，现在来进一步区分社交媒体短视频脚本与日常影视制作脚本的不同之处。

短视频脚本，以其简短精炼的特点，通常在几秒到几分钟的时长内迅速抓住观众的眼球。

这类脚本注重快节奏和强烈的视觉效果，非常适合在社交媒体平台上传播。由于其制作周期短且灵活性高，因此往往由小型团队或个人独立完成。

相比之下，影视制作脚本则呈现更为复杂和深入的面貌。它们通常篇幅较长，结构层次丰富，包含详尽的场景描绘和人物对话。在情节展开和人物塑造上，影视脚本追求更深层次的情感共鸣和艺术表达。这类脚本的制作过程也相对复杂，需要专业团队的紧密合作，并经历前期调研、剧本创作、排练、拍摄、后期剪辑等多个环节，制作周期较长。

总的来说，两者在创作和制作过程中各有侧重：短视频脚本更注重简洁、直接的视觉冲击力，以快速吸引观众；而影视制作脚本则更强调深度和细节，致力于打造长时间的情感投入和完整的故事体验。

### 1. 长度和篇幅

短视频脚本通常时长几秒至几分钟，内容简洁明了，能够迅速切入主题并抓住观众的注意力。相比之下，影视制作脚本如电影和电视剧的脚本则篇幅较长，一般包含详尽的场景描绘、对话内容以及角色发展等，页数往往从几十页到几百页不等，呈现出更为复杂和深入的故事架构。

### 2. 结构和节奏

#### 短视频脚本

- **结构紧凑**：短视频需要在极短的时间内清晰传达内容，因此其脚本通常围绕一个核心情节或主题展开，确保信息的迅速且准确传递。
- **节奏明快**：为了从一开始就牢牢抓住观众的注意力，短视频脚本往往采用快节奏，通过不断变换的画面和信息流来维持并提升观众的兴趣。
- **重点突出**：这类脚本通常聚焦于一个明确的目标或信息点，如广告宣传、教学指导或娱乐内容的精彩瞬间。

#### 影视制作脚本

- **分幕构建**：与短视频不同，影视制作脚本往往采用更为复杂的分幕结构，通常分为三幕或五幕，每一幕都承载着特定的功能，推动故事逐步发展。
- **节奏渐进**：影视脚本拥有更多时间来细腻地展开情节和塑造人物，因此其节奏相对较慢热，逐步建立起丰富的故事背景和复杂的角色关系。
- **多层次复杂性**：影视制作脚本往往涉及多条情节线索和深入的角色发展，构建出一个更为立体、复杂且引人入胜的故事世界。

### 3. 目的和观众

短视频脚本

- 具备直接吸引力：其首要目标是迅速捕获观众的注意力，激发观众的兴趣，并引导他们进行互动，因此在社交媒体平台上广受欢迎。
- 强调强烈的视觉效果：这类脚本重视视觉元素的冲击力和创意性，以精简而有力的形式实现宣传、教学或娱乐的目的。

影视制作脚本

- 追求情感投入：其主要目的是让观众能够深刻体验故事情节和人物情感，从而引发长时间的情感共鸣，并为观众带来思想层面的启迪。
- 注重故事性和深度：这类脚本更侧重于故事的完整叙述和艺术表达，通过细腻丰富的细节描写和复杂的人物关系来打动观众的心灵。

### 4. 制作流程

短视频脚本

- 制作迅速：从创意构思到最终成片的整个周期相对较短，使得制作过程更为简便、快捷且灵活多变。
- 小团队运作：这类脚本的制作通常由小型团队甚至个人独立完成，所需的制作设备和场景也相对简单，降低了制作门槛。
- 高度灵活：短视频脚本能够迅速根据观众的反馈进行调整和优化，从而更好地适应社交媒体这一快速变化的环境。

影视制作脚本

- 制作周期长：从项目策划、编剧构思、实地拍摄到后期制作，整个流程耗时较长，且涉及众多人员与资源的调配。
- 专业团队协作：影视脚本的制作需要编剧、导演、制片人、演员、摄影师、剪辑师等多个专业团队紧密协作，共同打造高品质作品。
- 流程复杂：制作过程中包含前期调研、剧本撰写、分镜头脚本设计、演员排练、实地拍摄、后期剪辑与特效制作、配乐等多个环节，每个环节都至关重要，共同构成了一部完整的影视作品。

### 5. 具体内容

短视频脚本

- 对话简洁：其对话内容简短明了，旨在直接且高效地传递核心信息，避免冗长和复杂的对白，同时减少情感铺垫，以快速抓住观众的注意力。
- 视觉主导：这类脚本强调视频的视觉效果和画面表现力，通过精心设计的视觉元素来讲述故事，从而吸引并引导观众的视觉焦点。

**影视制作脚本**
- 对话深入：其对话部分十分详尽，旨在细腻刻画角色性格、展现人物关系，并包含丰富的情感表达，为观众提供深刻的观影体验。
- 场景描绘细致：影视脚本中包含对场景的详尽描述，不仅构建出完整的世界观，还为故事的发生提供了丰富的环境背景，使观众能够身临其境地感受故事情节。

短视频脚本与影视制作脚本在创作和制作过程中存在显著差异，这些差异使它们各自适应不同的传播平台和受众需求。短视频脚本更注重简洁和直接，以迅速抓住社交媒体用户的注意力；而影视制作脚本则更侧重于深度和细节，致力于在长时间内引发观众的情感共鸣和艺术欣赏。

基于短视频的这些特点，我们总结了六大常用的短视频脚本模型——HERO模型、带货模型、故事叙述法、问题解决法、倒叙法、情感驱动法，并为每个模型提炼了独特的提示词逻辑。

这些模型各具特色，通过不同的结构和方法帮助创作者高效传达信息、吸引观众，并达到预期的传播效果。接下来，我们将对每个脚本模型进行详细展开，为创作者提供更具体的指导和灵感。

### 6.3.2　HERO提示词模板

HERO模型是内容创作领域，尤其是视频脚本和社交媒体内容创作中，一种广受欢迎且高效的结构化模型。它通过四个核心步骤，巧妙地吸引观众注意力、维持互动、建立深厚的情感纽带，并最终引导观众采取特定行动。以下是对HERO模型各个组成部分的详尽阐释。

#### 1. H 代表 Hook（钩子）

目的：在最短时间内吸引观众的注意力，使他们产生继续观看或阅读的兴趣。

特点：采用引人入胜的开场白，这可能是一个令人惊讶的事实、精彩的故事片段、具有挑战性的问题，或者是一个视觉冲击力极强的画面。这些元素共同作用，迅速抓住观众的眼球。

提问：提出与观众生活或兴趣紧密相关的问题，以此激发他们的好奇心，进一步吸引他们的注意力。同时，通过呈现震撼的数据或事实，为观众带来新鲜感，引发他们的兴趣。

例如，"你知道吗，每天有超过100万小时的视频被上传到YouTube？"或者"如果我告诉你，只需一个简单的改变，就能大幅提升你的生活质量，你会相信吗？"这样的表述方式，既简洁明了，又能迅速抓住观众的心。

## 2. E 代表 Engage（互动）

目的：保持观众的兴趣，促使他们积极参与内容互动。

特点：邀请观众点赞、评论、分享或进行其他互动。或者在内容中间插入开放式问题，让观众思考并互动。

使用观众熟悉的语言和话题：使内容与观众的生活紧密相关。

示例："在评论区告诉我，你认为最有效的节省时间的方法是什么？""如果你也有类似的经历，请在下面留言，我们一起讨论。"

## 3. R 代表 Relate（联系）

目的：构建情感桥梁，让观众感受到内容与自身生活的紧密联系，进而引发心灵共鸣。

特点：通过分享真实的故事或切身体验，例如，讲述一个与主题息息相关的个人经历，深入传达对观众所处环境及其感受的深刻理解与共鸣。采用贴近观众的语言和情感表达方式，借助细腻入微的叙述和真挚情感的流露，触动观众的情感弦线，产生共鸣。

示例："初次尝试这个方法时，我也曾半信半疑，然而最终的结果却令我惊喜万分。""我深知，在忙碌的生活中寻求工作与家庭的平衡是许多人的共同挑战，而我也是这场挑战中的一名奋斗者。"

## 4. Outcome（结果）

目的：提供确凿的结论或明确的行动指南，以激发观众实施具体行为。

特点：包含鲜明的行动指引，使观众能够清晰了解下一步的操作，如点击特定链接、购买某款商品或报名参加课程等。同时，该部分也可呈现明确的结果展示，通过真实案例或数据支持，直观展现所探讨方法或产品的实际成效。简洁有力的总结，有助于观众加深记忆，形成深刻印象。

示例："渴望体验这种转变？点击下方链接，即刻获取更多详情。""自从采用这个方法，我的工作效率提升了三倍！你也不妨一试！"

在实际应用中，HERO模型为内容创作者提供了一个结构化的框架，帮助他们有条不紊地构建内容，确保每一环节都具备明确的目标和可行的实现途径。以下是一个详尽的示例，以供参考。

Hook："你是否知道，YouTube每天都会有超过100万小时的视频内容被上传？在这样浩如烟海的信息世界里，你该如何让你的作品独树一帜，抓住观众的眼球呢？"

Engage："我很好奇，大家觉得最行之有效的省时妙招是什么？欢迎在评论区畅所欲言，我会筛选出几条精彩建议与大家共享。"

Relate："我初次尝试这个方法时，也是半信半疑，但结果真的令我叹为观止。在这个快节奏的时代，我们每个人都在为平衡工作与生活而努力，我也曾身处其中，感同身受。"

Outcome："如果你也渴望迎来这样的转变，不妨点击下方链接，探索更多精彩内容。自从运用了这个方法，我的工作效率竟然提升了三倍！相信我，你也值得一试！"

以上便是一个简洁而富有吸引力的内容结构示例。当然，在实际撰写脚本时，我们需要根据具体内容灵活调整，使其更加贴切自然。

HERO模型在社交媒体内容创作中展现出广泛的适用性，特别是对于那些旨在抓住观众眼球、促进互动并引导实际行动的内容类型而言，更是如虎添翼。无论是品牌推广、教育教程、个人影响力打造，还是娱乐搞笑、新闻资讯分享，HERO模型都能助内容创作者一臂之力，让内容规划与执行更加有条不紊，从而显著提升内容的整体品质与传播效果。

> HERO模型Prompt
>
> 你现在是专业短视频编辑，写一段500字左右的小红书短视频脚本，题目是《×××××××××××××××》，并按照HERO模型撰写。
>
> Hook（钩子）：第一句话就吸引观众的注意，构建未来场景，给出好处，或者通过这个视频能得到什么。
>
> Engage（参与）：通过故事或内容吸引观众的参与。
>
> Relate（联系）：与观众建立情感联系。
>
> Outcome（结果）：呈现令人满意的结局或行动号召。
>
> 脚本要有画面感，前三句的每一句都要有吸引力。
>
> 产品特点如下：
>
> ×××××××××××××××
>
> ×××××××××××××××

### 6.3.3 带货提示词模板

带货模板是内容创作者和短视频营销人员在策划产品推广脚本时的得力助手。它提供了一套明确的提示词和结构框架，旨在帮助创作者高效地介绍产品、激发观众兴趣，并引导他们作出购买决策。接下来，我们将详细阐述带货提示词模板的各个关键环节。

首句至关重要，需要直击主题，并明示观众观看此视频后将获得的益处或改变。例如："你是否曾为厨房中杂乱无章的调料而烦恼？今天，我将为大家揭秘一款革新性的厨房收纳盒。其超大容量与人性化设计，定能让你的烹饪体验焕然一新。"

紧接着的第二句，则需要进一步点燃观众的购买欲望，并与他们建立情感链接。可以这样表达："这款收纳盒的独特之处在于其多层设计，能够让你轻松分类存储各类调料。透明材质让你一眼就能找到所需，而防潮功能则确保调料始终保持干燥新鲜。自从我使用了这款收纳盒，我的厨房变得井井有条，烹饪过程也变得更加愉悦高效。不仅如此，众多用户也纷纷表示，它为他们的厨房生活带来了极大的便利。"

从第三句开始，我们可以设置具体场景，自然地融入产品的独特卖点和品牌理念。例如："相较于市场上的其他产品，这款厨房收纳盒在容量和设计上都展现出了显著的优势。传统的收纳盒往往空间利用不足，而我们的产品通过巧妙的多层设计完美解决了这一问题。与另一款热销产品相比，它不仅容量更胜一筹，还采用了更为环保耐用的材质。众多用户的真实反馈也证明了这一点：'这款收纳盒真的太实用了，设计贴心，我非常喜欢！''有了它，找调料再也不是一件烦心事。'这些好评如潮的反馈，无疑印证了这款产品的卓越品质。"

带货模型作为一种结构化的内容创作工具，特别适合于需要推广产品或服务的社交媒体内容。它广泛应用于各类视频形式，如产品评测、开箱体验、使用教程、生活方式推荐以及美容化妆产品分享等。通过这一模型，创作者能够更有条理地呈现产品优势，从而有效吸引并转化潜在消费者。

---

带货模型Prompt

你现在是专业短视频编辑，写一段500字左右的小红书短视频脚本，题目是《××××××××××××××××》脚本要有画面感，前三句每一句都要有吸引力。

并按照以下结构编写。

第一句：点明主题，提及潜在用户看完这段这个视频会带来的好处和变化。

第二句：激发观众的欲望和用户建立联系。

第三句：给出场景并自然植入推广产品的特点和（品牌）理念。

产品特点如下：

××××××××××××

××××××××××××

---

### 6.3.4　故事叙述法模板

故事叙述法，即通过精心编织一个连贯且引人入胜的故事来传递信息、表达观点或抒发情感，是一种高效的写作方法。它巧妙地借助故事本身的魅力，让内容变得栩栩如生、趣味盎然，从而更容易触动读者或观众的心弦，留下难以磨灭的记忆。在营销、演讲、文章撰写、广告设计等多种内容创作领域中，故事叙述法都展现出了其独特的价值和广泛的应用前景。

故事叙述法的结构

开头（Introduction）：

- 设定场景，介绍主人公或主要角色，建立故事的背景。
- 吸引注意力，引起读者或观众的兴趣。

冲突（Conflict）：
- 介绍故事的主要问题或挑战。
- 描述主人公面临的困境，使故事情节紧张起来。

高潮（Climax）：
- 描述主人公如何面对和解决问题或挑战。
- 展现故事的关键时刻或转折点，使情节达到最高点。

结局（Resolution）：
- 解决问题，展示结果或结论。
- 给出教训、启示或呼吁行动。

故事叙述法具有广泛的应用场景，其核心在于通过讲述引人入胜的故事来有效传达信息。这种方法特别适用于那些需要吸引观众注意力、建立情感纽带并传达关键信息的社交媒体内容。以下几种社交媒体内容类型，便是故事叙述法大展身手的绝佳舞台。

- 品牌故事
- 客户见证和案例研究
- 教育和教程
- 社会公益和企业社会责任
- 娱乐和搞笑内容
- 个人品牌和生活分享
- 新闻和时事评论

> **故事叙述法Prompt**
>
> 你现在是专业短视频编辑，写一段300字左右的小红书短视频脚本，题目是《××××××××××××××××××》，并按照故事叙述法撰写。
>
> 开端：以故事开头，留下悬念，引发观众好奇并设置场景和人物。
>
> 发展：发展故事情节和人物关系。
>
> 高潮：故事达到顶点，最紧张或最有趣的部分。
>
> 结局：问题解决或故事结束。
>
> 故事的内容为：××××××××××××××××××××××××××××××××××××××××××××
>
> 脚本要有画面感，前三句每一句都要有吸引力。

### 6.3.5 问题解决法模板

问题解决模板是一种高效的结构化内容创作方法。它首先明确提出一个具体问题，接着详细展示如何有效解决这个问题，从而精准地传达信息、提供实用价值和引导明确行动。这种模板在营销、教育、产品推广等多个领域均有广泛应用，能够助力观众深刻理解问题的紧迫性，并领略到解决方案的实用性和效果。

模板结构如下。

- 问题：第一句明确地展示一个问题或挑战。
- 解决方案：第二句提供一个解决该问题的方法或产品。
- 好处：第三句开始展示采用这个解决方案的好处。

问题解决模板在社交媒体内容创作中展现出广泛的适用性，尤其适用于那些旨在教育观众、推广产品或服务，以及提供实用信息的场景。以下是一些特别适合采用问题解决模板的社交媒体内容类型。

- 产品评测和推广
- 教育和教程内容
- 健康和健身内容
- 职业发展和学习

---

问题解决法Prompt

你现在是专业短视频编辑，写一段300字左右的小红书短视频脚本，题目是《××××××××××××××××》，并按照问题解决法撰写。

问题：第一句明确地展示一个问题或挑战。

解决方案：第二句提供一个解决该问题的方法或产品。

好处：第三句开始展示采用这个解决方案的好处，并自然植入推广产品的特点。

产品特点如下：

×××××××××××××××

×××××××××××××××

---

### 6.3.6　倒叙法模板

倒叙法，这一独特的叙述技巧，将故事的高潮或结局前置，以此制造悬念，牢牢抓住读者或观众的注意力。随后，再通过逐步回溯事件的起因与发展脉络，层层揭开故事的神秘面纱。这种手法不仅大幅提升了故事的戏剧张力与吸引力，还使读者或观众在回溯过程中得以更全面地理解故事的来龙去脉。在社交媒体内容创作中，倒叙法尤为适用，它能够迅速引发读者的兴趣，激起强烈的共鸣。

举例来说，我们可以这样构建一个故事。

标题：那惊心动魄的一夜，我差点错过了最后一班地铁

开头（倒叙引入）："我站在地铁站台，眼前是缓缓驶来的最后一班地铁。心中涌起一股难

以言喻的庆幸，我深知，自己刚刚经历了一场惊心动魄的冒险。而这一切，都源于几个小时前的那场意外……"

正文（回顾经过）："早上出门时，我满怀期待地准备迎接一天的工作。然而，就在临近地铁站的那一刻，我猛然发现钱包竟落在了家里。没有钱包，意味着我无法乘车，焦急之中，我掉头冲回家中……时间在一分一秒地流逝，我的心也提到了嗓子眼。终于，在最后一刻，我拿到了钱包，匆匆赶回地铁站。"

结尾（回归倒叙）："此刻，我站在地铁站台，看着地铁缓缓停下。虽然经历了重重波折，但最终还是赶上了这趟车。生活，总是充满了意想不到的转折，而每一次的挑战，都是对我们勇气和智慧的考验。我深知，今天的经历，将成为我人生中难以忘怀的一章。"

> **倒叙法Prompt**
> 你现在是专业短视频编辑，写一段300字左右的小红书短视频脚本，题目是《××××××××××××××××》，并按照倒叙法撰写。
> 从故事的结局开始，逐渐揭示事件的起因和发展过程。
> 故事的内容为：××××××××××××××××××××××××××××××××××××××
> ×××××
> 脚本要有画面感，前三句每一句都要有吸引力。
> 并在故事发展中植入产品，产品卖点为××××××××。

### 6.3.7 情感驱动法模板

情感驱动法，是一种极富策略性的传达方式，它通过精心触发读者或观众的情感反应，从而深刻传递信息。此方法巧妙地融合故事叙述、细节描写以及情感共鸣，使内容不仅感染力十足，更能在人们心中留下难以磨灭的印象。当观众被内容所激发的情感——如欢乐、哀伤、愤慨或惊异所触动时，这种情感的力量便能更深远地影响他们的态度，甚至引导他们的行为。

以"那封来自天堂的信"为例，故事开篇于一个看似平淡无奇的秋日清晨。然而，随着主人公走向信箱，一封意想不到的手写信却为这一天带来了非凡的意义。信封上那熟悉的笔迹，透露出一个令人震惊的事实：这是来自已故祖母的信。

怀着复杂而激动的心情，主人公展开了信纸，祖母的遗言跃然纸上："亲爱的孙女，当这封信抵达你手中时，我或许已经离开了这个世界。但我希望你始终铭记，你一直是我心中最璀璨的星辰。无论前路如何坎坷，请永远相信，我就在你身边，默默地支持你，深深地爱着你。"

读到此处，主人公的泪水不禁夺眶而出。祖母生前的慈爱与关怀历历在目，而此刻，这封信仿佛又让那份温暖的爱意重燃心间。她一遍又一遍地回味着信中的字句，仿佛能够听见祖母那充满爱意的温柔声音，在耳畔轻轻回响。

这一天，主人公带着祖母的信步入了办公室，心中充满了前所未有的力量与勇气。面对工作中的种种挑战，她始终坚信，祖母的爱与鼓励将永远伴随她前行，成为她勇往直前的不竭动力。

故事的结尾温馨而感人："爱，不会因时间的流逝或空间的阻隔而消逝。它总会以某种特别的方式，持续温暖着我们的心灵，激励着我们不断前行。祖母的信让我深刻领悟到，真挚的爱意是永恒的，它永远不会离我们而去。"这个感人至深的故事，正是情感驱动法的典范之作，它用情感的力量触动了人们内心最柔软的地方，让人们在感动中领悟到了爱的真谛。

情感驱动法在社交媒体内容中的应用极为广泛，尤其适用于那些需要传递强烈情感、引发观众共鸣的场合。以下是几种特别适合采用情感驱动法的社交媒体内容类型，它们能够充分利用情感的力量，触动人们的心弦。

- 个人故事与生活感悟：这类内容通过分享真实的个人经历和生活中的点滴感悟，能够深入人心，引发观众的共鸣和思考。
- 公益活动与社会倡导：借助情感驱动法，公益活动和社会倡导能够更有效地唤起公众的同情心和责任感，激发他们积极参与和支持的热情。
- 纪念与致敬篇章：无论是对逝去亲人的缅怀，还是对英雄人物的致敬，这类内容都饱含着深厚的情感。通过情感驱动法，它们能够更深刻地表达敬意和怀念，触动人们内心的柔软之处。
- 励志与鼓舞人心的故事：这类内容通过讲述充满挑战与奋斗的故事，能够激发观众的斗志和勇气，传递正能量，让他们在困境中找到前进的动力。
- 庆祝与感恩时刻：在欢庆佳节或表达感恩之情时，情感驱动法能够让内容更加温馨感人，营造出积极的情感氛围，让人们感受到生活的美好和人与人之间的温暖。

---

**情感驱动Prompt**

你现在是专业短视频编辑，写一段300字左右的小红书短视频脚本，题目是《××××××××××××××××××》，并按照情感驱动法撰写。

情感连接：通过情感共鸣快速与观众建立联系。

情感变化：通过故事或内容的展开，引发情感上的波动。

情感回应：以引发观众情感上的回应作为结局。

故事的内容为：××××××××××××××××××××××××××××××

脚本要有画面感，前三句每一句都要有吸引力。

### 6.3.8 手把手用ChatGPT写脚本操作

经过对六大脚本模型的详尽介绍,现在我们准备进入实操环节,利用ChatGPT来撰写一个具体的脚本。我们将从前文精心挑选的选题里选定一个作为本次脚本创作的主题。

可选的选题包括:

- 从内耗到轻松:摆脱工作焦虑的秘密武器
- 内耗心态调节法:都市疗愈先锋的独家秘诀
- 从焦虑到释压:减压玩具如何改变你的工作状态

我们最终选定了第二个选题——"内耗心态调节法:都市疗愈先锋的独家秘诀"。接下来,我们将这个主题融入HERO模型的提示词中,以便更好地引导大语言模型生成内容。在本例中,使用的是ChatGPT 4o,但大家完全可以根据自己的偏好,选择其他熟悉且顺手的大语言模型来进行操作。

现在,让我们开始将选题与HERO模型相结合,共同探索都市疗愈先锋如何调节内耗心态的独家秘诀吧!

---

**HERO模型Prompt**

你现在是专业短视频编辑,写一段500字左右的小红书短视频脚本,题目是《××××××××××××××》,并按照HERO模型撰写。

Hook(钩子):第一句话就要吸引观众的注意,构建未来场景,给出好处,或者通过这个视频能得到什么。

Engage(参与):通过故事或内容吸引观众参与。

Relate(联系):与观众建立情感联系。

Outcome(结果):呈现令人满意的结局或行动号召。

脚本要有画面感,前三句每一句都要有吸引力。

---

修改后的提示词如下。

---

**HERO模型Prompt**

你现在是专业短视频编辑,写一段500字左右的小红书短视频脚本,题目是《内耗心态调节法:都市疗愈先锋的独家秘诀》,并按照HERO模型撰写。

1. Hook(钩子):第一句话就要吸引观众的注意,构建未来场景,给出好处,或者通过这个视频能得到什么。
2. Engage(参与):通过故事或内容吸引观众参与。
3. Relate(联系):与观众建立情感联系。
4. Outcome(结果):呈现令人满意的结局或行动号召。

脚本要有画面感,前三句每一句都要有吸引力。

下页上图是ChatGTP最终给出脚本。

标题：内耗心态调节法：都市疗愈先锋的独家秘诀

Hook（钩子）：
（画面：繁忙的都市生活场景，人群匆匆而过，背景音乐节奏感强）
"你是否在都市快节奏中感到身心疲惫，内心焦虑不安？今天，我将揭示五个独家秘诀，让你轻松应对内耗，重拾内心的宁静。"

Engage（参与）：
（画面：主人公坐在咖啡馆，开始讲述）
"故事开始于我曾经也是个被内耗困扰的都市人，每天压力山大，心情低落。直到我遇见了一位都市疗愈先锋，他教会了我这些简单却有效的方法。"

Relate（联系）：
（画面：主人公与观众对话，背景为舒缓的自然景色）
"我知道，很多朋友都有同样的困扰。无论你是职场新人，还是在家带娃的宝妈，我们的心态都需要调节。下面我来分享具体方法。"

Outcome（结果）：
（画面：主人公在公园中，进行深呼吸练习）
"第一，深呼吸。每天花5分钟时间，深呼吸，让自己放松下来。第二，定期运动，散步或瑜伽都是不错的选择。第三，冥想，每天10分钟，清空大脑的杂念。第四，保持社交，多与朋友家人交流，分享内心感受。最后，保持良好的作息规律，早睡早起，给身体充足的休息时间。"

总结与行动号召：
（画面：主人公微笑，背景为温暖的家庭场景）
"通过这些方法，我的生活变得更加平静与充实。如果你也感到内耗，不妨试试这些疗愈技巧。关注我，更多都市疗愈秘诀与你分享，一起迈向更好的生活！"

视频结束，出现字幕：关注账号，获取更多疗愈技巧

这个脚本不仅通过故事和具体方法吸引观众，还与他们建立了情感联系，最后给出了实际可操作的步骤，让观众感受到解决问题的希望和动力。

2/2

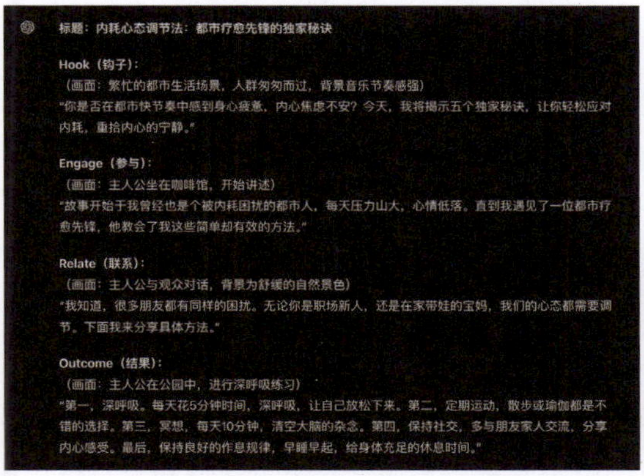

视频标题：内耗心态调节法：都市疗愈先锋的独家秘诀

Hook（钩子）：

（画面：一位白领在城市高楼间走动，面露疲惫）

"你是否感觉每天被工作压得喘不过气来，内心焦虑不堪？在这段视频里，我将揭示都市疗愈先锋的独家秘诀，帮你摆脱内耗心态，重新找回内心的平静。"

Engage（参与）：

（画面：白领坐在咖啡馆，拿出笔记本开始写日记）

"大家好，我是你们的都市疗愈先锋。在繁忙的都市生活中，我们常常被无尽的工作和生活压力所困扰，内心逐渐失去平衡。然而，通过简单的几步练习，你可以有效调整心态，缓解内耗。"

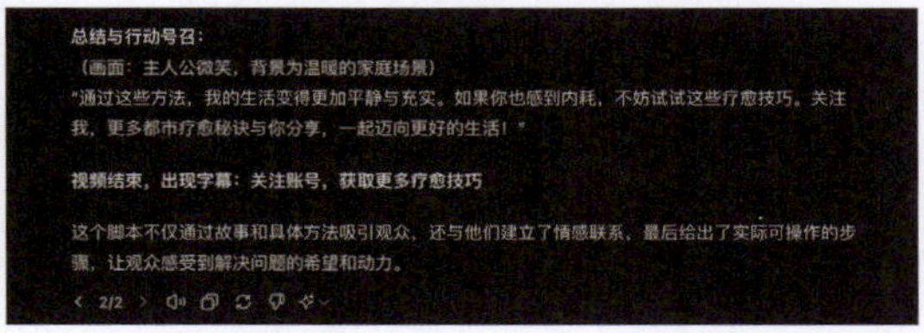

（画面：白领在公园里做深呼吸练习）

"第一步，学会深呼吸。这是一个随时随地可以进行的练习。深呼吸能够帮助我们放松身心，减轻焦虑。"

（画面：白领在阳台上冥想）

"第二步，进行冥想。每天抽出10分钟，闭上眼睛，专注于自己的呼吸，感受每一次吸气和呼气。冥想不仅能放松身心，还能提升我们的专注力和情绪稳定性。"

（画面：白领在书房里读书）

"第三步，记录心情。每天写下自己的感受和想法，把内心的压力和焦虑倾诉出来，这样可以帮助我们厘清思路，释放负面情绪。"

Relate（联系）：

（画面：白领的朋友在聚会中谈笑风生）

"我知道大家都和我一样，面临着生活和工作的双重压力。我们都是在这座城市中拼搏的人，但我们不应该让内耗心态吞噬我们的快乐和健康。"

### Outcome（结果）：

（画面：白领在公园里跑步，面带微笑）

"通过这些简单的调节方法，我重新找回了内心的平静，生活也变得更加充实。希望你们也能尝试这些方法，找回属于自己的平静与幸福。"

（画面：白领在镜头前微笑）

"如果你喜欢这段视频，记得点赞、关注并分享给身边需要的人。我们下期再见！"

大家可以看到，ChatGPT输出的脚本严格遵循了HERO模型的框架：Hook（钩子）部分以引人入胜的第一句话抓住观众眼球，构建出令人期待的未来场景；Engage（参与）环节则通过精彩的故事或内容激发观众的参与感；Relate（联系）部分与观众建立深刻的情感纽带；最后在Outcome（结果）中呈现一个令人满意的结局或发出行动号召。然而，我们也注意到脚本在具体内容上还有所欠缺，这主要是因为我们尚未向语言模型提供具体的方法细节。不过，只需对前几句稍作修改，并结合后续的干货内容，便可打造出一个完整且精彩的脚本。

在拥有了精心打磨的脚本之后，接下来的关键步骤是为文本内容配置恰到好处的场景。场景设置在脚本创作中起着举足轻重的作用，它不仅有助于信息的准确传达，还能加深观众的情感共鸣和沉浸式体验。通过选择合适的场景，我们可以将复杂的概念以直观的方式展现出来，降低观众的理解难度。同时，精心设计的场景还能大幅提升视觉吸引力，使内容更加引人入胜。无论是动态切换的场景还是动画图表，都能有效保持观众的注意力。在接下来的章节中，我们将深入探讨如何利用AI技术生成短视频或长视频，以及如何通过文本或图像生成视频内容。

# 第 7 章
# 如何利用 AI 快速生成视频

AI生成视频对我们而言已不陌生。自OpenAI推出的Sora亮相以来，大众对AI生成视频的期待日益高涨。Sora，这款智能AI工具，拥有将文字描述转化为视频的神奇能力。想象一下，你描绘了一个"阳光明媚的早晨，小女孩在公园里与五彩斑斓的花朵嬉戏"的场景，Sora便能根据这段描述，自动生成相应的视频画面。这得益于语言模型与视频模型的深度融合。简而言之，只需简单的文字输入，生动逼真的视频便可迅速生成，无须专业的技术背景和烦琐的制作流程。

截至撰写此书的2024年6月末，Sora虽未正式向公众开放，但已有少数用户获得了专业试用的机会。尽管如此，人们对AI生成视频的认识却已达成共识，这主要归功于其显而易见的优势：节省时间和成本、提升内容创作的效率与质量，以及实现高度个性化和交互性的内容创作。

以电影制作为例，《复仇者联盟》等视觉大片往往需要耗费巨资和大量时间来打造复杂的特效。而AI工具的运用，使得场景和特效的生成变得轻松且经济。制作团队无须再搭建昂贵的实景或动用大量人力，这不仅体现了环保理念，更大幅缩减了预算和制作周期。

在教育领域，AI生成视频同样展现出巨大潜力。虚拟教师能够根据学生需求，快速生成个性化的教学视频，为学生提供量身定制的学习内容。而在社交媒体上，AI则能根据用户描述迅速生成短视频，极大地提升了创意内容的产出速度和质量。比如，化妆品公司便可利用AI快速生成符合市场需求的广告视频，从而提升用户参与度和销售业绩。

此外，像DeepFake和Wonder Dynamics这样的AI工具，利用深度学习技术生成3D动画和视觉特效，甚至能在现有视频中添加动画角色或替换人脸。这使特效制作更加便捷高效，为科幻电影打造逼真的外星生物或未来城市景象提供了无限可能。

接下来，让我们一起探索目前市场上一些热门的视频生成模型。

## 1. DALL·E 2

DALL·E 2是OpenAI公司推出的一款基于GPT-3的扩展模型，它利用描述性的文本输入，能够生成高质量的图像和视频。该模型通过大量图像和文本对数据集进行训练，拥有数十亿的参数量级，从而确保了其出色的生成能力。

## 2. Stable Video Diffusion (SVD)

Stable Video Diffusion 是由 Stability AI 公司开发并开源的一款先进模型。Stability AI 秉承

开放与共享的理念，致力于免费提供其AI模型和工具，以促进技术的普及与进步。通过运用潜在扩散技术，该模型能够从文本或图像输入中生成高质量的视频内容。其主要特点涵盖多个方面：首先，在输入类型上，它支持通过文本描述或静态图像来生成视频；其次，生成的视频长度控制在2~5秒；此外，该模型生成的视频分辨率高达576像素×1024像素，且帧率最高可达到30FPS，确保了视频的流畅与清晰；最后，其多功能性使它适用于多种视频生成任务，包括图像到视频、文本到视频以及多视图（3D对象）生成等，展现了广泛的应用潜力。

Stable Video Diffusion的训练过程经过精心设计，共分为3个核心阶段，充分利用了名为Large Video Dataset（LVD）的庞大视频数据集。这一数据集规模宏大，包含高达5.8亿个视频片段，总时长相当于212年的视频内容，为模型训练提供了丰富的素材。

在阶段一中，模型进行了图像预训练。通过采用预先训练好的图像扩散模型（例如Stable Diffusion 2.1），模型得以学习基础的视觉表示，为后续的视频生成打下坚实基础。

进入阶段二，视频预训练成为重点。模型在LVD的广泛视频数据上进行了深入训练，旨在捕捉视频中的时序信息，确保生成的视频在时间上连贯流畅。

最后，在阶段三中，模型进行了视频微调。通过在高质量的视频子集上进行精细调整，模型进一步提升了生成视频的细节表现力和分辨率，使输出的视频质量更上一层楼。

### 3. AliGenie Video Generation

AliGenie视频生成模型，隶属于阿里巴巴达摩院，拥有数亿参数量级的强大训练能力。该模型通过深度学习大量的商品视频与文本描述数据集，能够精准地根据用户的文本描述生成短视频。其主要应用场景为电商平台的商品展示视频制作，同时也可广泛应用于短视频广告创作。借助AliGenie，商家可以高效生成吸引眼球的商品视频，从而提升用户购买意愿，助力电商销售。

### 4. Huawei Cloud Video AI

华为云推出的视频AI解决方案展现了卓越的技术实力，它能够根据输入的文本、图像等多元信息，生成高质量的视频内容。这一方案广泛应用于智能监控、虚拟直播等多种商业场景，凭借其数亿参数量级的强大训练能力，以及大规模多模态数据集的深度学习，为用户提供了极致的视频生成体验。

同样值得关注的还有业界其他知名视频模型。例如，RunwayML开发的T2V（Text-to-Video）工具，它以简单易用的特性深受创意工作者和内容创作者的喜爱。该工具运用深度学习技术，能够将简短的文本描述转化为生动的视频内容。腾讯AI实验室的ZYNQ模型则以其生成复杂场景和动态内容的高超能力而脱颖而出。而Nvidia的Text2Vid模型更是结合了自然语言处理和计算机视觉的最新成果，利用强大的图形处理能力，从文本描述中生成出高质量的视频内容，满足各种应用需求。

尽管这些文生视频模型在技术上已有所突破，但在实际应用中仍存在一些明显的弊端和挑战。目前，大多数模型仅支持2~4秒的视频生成，这不仅限制了视频的时长，也影响了生成效果的满意度，往往需要多次尝试才能获得理想的视频场景。同时，生成的视频质量时有欠佳，如图像模糊、帧间不连贯等问题，导致视频观感不自然。对于复杂场景、多角色互动或高动态内容的生成，现有模型仍显得力不从心。此外，长时间视频的内容一致性难以保证，模型在生成过程中可能会出现内容跳跃、人物或物体突变等不稳定情况。用户对于生成过程的控制也相对有限，难以精细调整视频的具体细节和效果。

然而，正是这些挑战为社交内容创作领域带来了革命性的变革和无限的可能。在市场尚未完善之际，我们迎来了前所未有的机遇。作为首批AI社交内容的创作者，我们不仅要勇于面对这些挑战，更有机会引领行业趋势，开创全新的内容创作时代。在本章中，我们将深入探讨如何生成精准画面的小段视频，详细阐述操作步骤，并提供相关的工具和技巧。相信通过我们的努力，你将能够轻松创作出专业级别的视频内容。

## 7.1 • 生成小段视频（精准画面）

在当前的AI视频生成工具领域，主要可以完成两大任务：一是生成短暂的视频片段（2~4秒），二是制作较长的视频素材（30~60秒）。尽管这些工具尚处于发展的初级阶段，但它们已经为内容创作者提供了实质性的辅助。为了更详细地指导大家如何使用这些工具，我们将操作方法分为两个小节进行阐述。在生成短暂视频片段（2~4秒）的部分，我们将重点介绍两种主要方法：通过文本生成视频（文生视频）和通过图像生成视频（图生视频）。

### 7.1.1 文生视频操作方法

文生视频技术，即从自然语言文本生成动态视频内容，融合了自然语言处理（NLP）和计算机视觉（CV）两大领域的最新成果。通过深度学习和大规模数据训练，这项技术使模型能够深入理解输入的文本描述，包括其中的语义、情境和叙述，进而自动生成与描述相符、视觉上连贯且符合预期的视频序列。接下来，我们将详细介绍这一技术的具体操作步骤。

**1. 选择工具**

此处我们采用了Runway的Gen2模型。启动Runway Gen2后，其用户界面如下页上图所示。

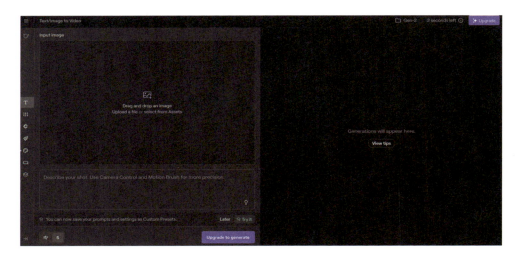

## 2. 调整提示词

在第二栏中输入你期望的文本内容。可以从ChatGPT生成的脚本中选取了一段话："你是否在都市快节奏的生活中，感到焦躁不安？"请注意，提示词应避免包含大幅度的动作描述，因为目前的AI工具还无法精确生成复杂的动态场景。因此，我们将这段话拆分为两句：第一句的提示词是"都市快节奏的生活"，第二句则为"感到焦躁不安"。随后，使用ChatGPT将这两句翻译成英文，并输入到第二栏中，操作步骤如下左图所示。输入完成后，单击输入框右下角的小灯泡图标，该功能会自动根据Runway视频模型的特点来扩充提示词，如下右图所示。

接着，单击Generate 4s按钮，即可生成一段4秒的视频。生成结果如下图所示。

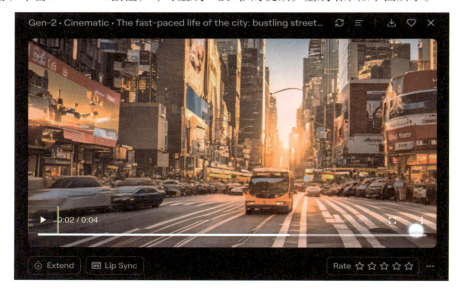

经过操作，我们可以看到一个繁忙都市的景象已经生成，画面中人群和车辆熙熙攘攘地挤满了街道。

接下来，继续生成第二句对应的视频。采取相同的方法，首先使用ChatGPT将句子翻译成英语，并将其输入到第二栏中。然后，单击右下角的小灯泡图标，以便根据Runway视频模型的特点自动扩充提示词，如下图所示。

生成的视频结果如下图所示。画面中，一位青年站在繁华的街道上，显得迷茫而焦虑，不知所措地环顾四周，身后人来人往，形成鲜明的对比。如果对生成的结果不满意，可以多次尝试生成，直到获得满意的作品。

### 3. 细节修改

在生成视频之前，你还可以根据需要调整视频的尺寸、风格等参数和细节。只需单击左侧相应的功能按钮，即可轻松调节提示词的权重、相似度等设置，以满足你的个性化需求，如下图所示。

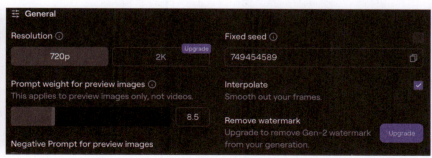

### 7.1.2 图生视频操作方法

图生视频,从字面意义上不难理解,即将一张静态的图片转化为动态的视频。而从专业角度定义,图生视频指的是利用计算机视觉和深度学习技术,从输入的静态图像中生成出连续、动态的视频序列。这项技术通过分析图像中的视觉元素和语境,旨在自动生成具有时序连贯性和视觉一致性的视频内容。

图生视频技术的几个关键要点也颇为直观,具体如下。

- 图像分析:此环节负责提取输入图像中的核心视觉特征和内容,为后续的视频生成提供基础数据。
- 时序生成:基于已提取的图像特征,生成流畅的时间序列,确保视频各帧之间的过渡自然无缝。
- 深度学习:借助生成对抗网络(GANs)或循环神经网络(RNNs)等先进的深度学习模型,生成高质量的视频帧,提升整体视频效果。
- 场景理解:深入理解图像中的场景和动作,以便生成符合预期、富有动态感的视频内容。

图生视频技术的应用场景同样广泛多样。例如,若你希望将一张图片中的固定人物转化为动态视频,这项技术便能大展身手。以我们"都市疗愈日记"策划案中的主人公Liya为例,通过图生视频技术,我们成功让风吹动她的发丝,使原本静态的图片焕发出动态的生机,如下图所示。接下来讲述具体的操作步骤。

**1. 先生成图像:使用 Midjourney**

首先,需要将构思好的提示词输入Midjourney中。Midjourney是一款强大的文字生图工具,它能够根据用户提供的文字描述生成高质量的图片。在前文中,我们已经对这款工具进行了详细的介绍与分享。

以脚本中的这段描述为例："你是否在都市快节奏的生活中，感到焦躁不安？"为了更好地呈现这一场景，可以将这句话拆分为两个部分，并分别将其作为提示词输入Midjourney中。通过这种方式，可以生成两张分别反映都市快节奏生活和焦躁不安情绪的图片。

体现都市快节奏生活的提示词：The image showcasing fast-paced, oppressive urban life. It captures the bustling cityscape, heavy traffic, and the sense of restlessness and anxiety that often accompanies it.

体现主人公感到焦躁不安的提示词：a lady standing in the middle of a busy city street, looking lost and overwhelmed, with an expression of confusion and anxiety. The chaotic and fast-paced environment around her contrasts with her emotions, highlighting her sense of isolation.

生成图像后，仔细检查生成的图片是否满足你的预期。如果对结果不满意，可以通过调整描述来优化生成效果，并重复该过程，直到获得理想的图片为止。

### 2. 生成视频：Runway 的 Gen2 模型

接下来，再次回到Runway的Gen2模型。单击"上传照片"按钮，上传第一张展现都市快节奏生活的照片——雨夜中疾驰的马路场景。

在随后的提示词对话框中，需要简洁明了地描述出图片中动态的部分。注意，提示词应避免过于复杂，以确保模型能够准确理解并生成相应的动态效果。例如，我们可以描述："雨滴不断落下，车辆快速驶过。"

等待Gen2模型处理并生成动画效果。这个过程可能需要一些时间，因为它取决于上传的图片的复杂程度以及提示词的详细程度。当动画生成完成后，可以查看并评估最终的动画效果。如果对结果不满意，可以尝试调整提示词或更换图片，并重新生成，直到达到期望效果。下图是通过这一流程获得的展现"都市快节奏生活"的视频示例——在压抑的雨天中，车辆穿梭在繁忙的城市街道上。

接下来，生成下一组视频，以体现主人公焦躁不安的情绪。采用相同的方法，将照片上传到 Runway 的 Gen2 模型中，并在提示框内输入相应的提示词。这样，我们就能生成如下图所示的视频，生动地展现主人公的焦虑状态。

## 3. 调试视频

当进行图生视频操作时，侧面的工具栏将变得尤为实用。举例来说，如果我们希望让小猫的头部按照特定的方向转动，可以选择工具栏中的刷子工具，并轻轻刷过小猫的头部。接着，在控制板上选定小猫头部转动的方向，然后生成视频。这样，在生成的视频中，小猫的头部就会根据我们指定的方向灵活地转动了，如下图和下页上图所示。

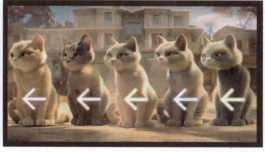

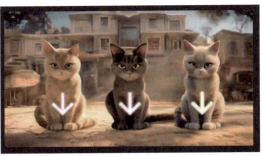

通过巧妙结合Midjourney和Runway这两种先进工具，以及我们前述介绍的两种方法，我们现在能够直接从脚本描述中摘取句子来生成视频。这种创新方式不仅提供了极大的灵活性，还能生成出富有创意和视觉吸引力的视频内容。尽管当前的AI技术尚存一定的局限性，但只要我们持续探索和优化，就有信心能够充分发挥这些工具的潜力，为内容创作领域注入崭新的活力。

## 7.2 根据脚本生成长视频

AI生成视频的优势不胜枚举，我们在前两章已经为大家详细介绍过。在本节中，将探讨如何利用AI根据脚本生成长视频。之所以要区分生成精准画面和生成长视频，主要是基于目前AI视频生成工具的特性。这些工具在生成精准画面的小段视频方面表现出色，如我们之前介绍的文生视频和图生视频。然而，对于长视频的制作，我们通常需要生成更多的内容，或者根据脚本将能够描述情节的视频素材巧妙地组合在一起，从而拼接成一个完整的视频作品。

### 7.2.1 为脚本配置素材

在社交网络上，一条吸引人的短视频往往由多个精彩的场景画面组成。为脚本配置合适的素材画面有多种方法，可以根据不同的需求和资源灵活选择。以下是一些常见且实用的方法。

#### 1. 使用现有的素材库素材

为了表达脚本的内容，可以从现有的素材库中选择高质量的图片和视频。这些素材可以来源于需要付费的专业素材库，也可以利用如Pexels、Pixabay等提供免费资源的素材库。通过这种方式，能够更便捷地找到符合需求的优质素材。

#### 2. 自行拍摄素材

根据脚本内容，精心制订拍摄计划，明确场景设置、演员角色和所需设备。选择合适的地点进行实地拍摄，以确保所获取的素材能够完美契合脚本需求，从而呈现出理想的效果。

### 3. 利用动画和图形

借助After Effects、Blender等专业的动画制作软件，可以根据脚本需求精心创建生动的动画场景和逼真的特效，为视频增添更多视觉层次和动态感。

### 4. 结合实景与虚拟效果

采用绿幕拍摄技术，先拍摄主体内容，然后在后期制作中结合虚拟背景和特效，以实现更多元化的场景设计。此外，利用如Unreal Engine等虚拟制作工具，可以创建出逼真的虚拟场景，并与实际拍摄素材巧妙融合，从而打造出独具特色的视觉效果。

### 5. 使用AI生成素材

最后一种方法是利用AI生成素材。正如我们在前文所介绍的，AI工具可以生成精准的短视频画面（目前支持2~4秒），这些画面可以根据需要进行组合，或者根据脚本直接生成长视频。AI生成视频的过程类似一个高效的素材搜索机器，它能够在极短的时间内产出大量的视频内容。与传统的人工制作方式相比，AI生成视频的速度显著提升。

目前市场上已经涌现出众多能够生成视频的AI工具，例如Pictory、Synthesia、InVideo和Veed.io等。这些工具不仅提供基本的视频生成功能，还在素材前加入了可选的数字人像进行口播，如Synthesia和Heygen就提供了丰富的数字人库供用户选择。

尝试过这些AI工具的人可能会发现，虽然AI搜集的素材在制作精良的短视频方面可能还有所欠缺，但它们非常适合根据脚本快速生成视频内容的需求。这类视频特别适用于口播视频和业务介绍等场景，能够迅速满足用户的制作需求。

## 7.2.2 生成长视频AI工具解析

目前市场上现有的AI工具在生成长视频方面呈现多样化的特点。经过实际使用与比较，笔者筛选出了以下5款非常实用的AI生成长视频工具，并对它们的主要特点进行了归纳整理，如表7-1所示。

表7-1 5款非常实用的AI生成长视频工具

| 名称 | 标志 | 功能 |
| --- | --- | --- |
| Pictory | | 从文本或文章自动生成视频，通过分析文本内容生成相关视频片段 |
| Lumen5 | | 基于文字内容自动生成视频，适合内容营销和社交媒体视频 |
| Synthesia | synthesia | 生成带有虚拟主持人的视频，支持自动添加字幕和多语言 |
| InVideo | invideo AI | 提供简单易用的视频模板和自动添加音乐特效功能 |
| Veed.io | VEED | 提供大量的视频模板和素材库，可以轻松创建专业视频 |

这些AI视频生成工具的设计都非常友好，操作简便，能够自动化处理许多烦琐的步骤，从而极大地简化了长视频制作流程。用户只需根据自身需求和视频制作的具体要求，选择最合适

的工具，即可轻松快速地生成和编辑长视频。需要指出的是，虽然目前AI生成的长视频内容在细节上可能还无法完全匹配脚本，但它们更多的是通过素材的巧妙组合来呈现。因此，我们可以充分利用AI生成视频的功能来搜集素材，同时，生成的视频也可作为二次剪辑的素材来源。笔者在实际工作中经常采用这种方法，发现它能极大节省时间，并且只在视频中部分使用，就能显著提升内容创作者的工作效率。

### 7.2.3 提示词模板

在与AI进行工作和对话时，明确的提示词至关重要。它们就像是给机器人下达的指令，只有讲明操纵方法和目的，AI才能准确按照我们的需求完成任务。对于大多数AI生成视频的工具，通常会涉及几个关键问题，因此我们需要根据脚本提前准备好这些问题的答案。

#### 提示词问题

- 这个视频的主要信息或目标是什么？

答：这个视频旨在通过介绍3个小方法，帮助都市人群有效减压。视频的标题已经明确表达了这一点："内耗心态调节法 | 都市疗愈先锋的独家秘诀"。

- 这个视频的目标受众是谁？

答：本视频主要针对都市中工作压力较大的人群，为他们提供实用的减压方法。

- 你希望达到什么样的语气或氛围？

答：视频应采用轻柔、舒缓的语气，以营造一种能够帮助观众放松心情的氛围。

- 你希望视频的时长是多少？

答：考虑到观众的观看体验和内容的丰富性，视频的时长应控制在90秒左右。

准备好这些明确的答案后，我们就可以更有效地利用AI工具来生成符合我们需求的视频内容了。视频脚本如下。

---

视频标题：内耗心态调节法 | 都市疗愈先锋的独家秘诀

--------------------------------------------------------------------------

你是否常感工作压力很大，内心焦虑难安？在本视频中，我将为你揭秘都市疗愈先锋的独门绝技，助你摆脱内耗的困扰，重拾内心的宁静与平和。

大家好，我是你们的都市疗愈引领者。在这喧嚣的都市生活中，我们常被工作和生活的重压所牵绊，内心渐感失衡。但别担心，通过几个简单的练习，你就能有效调整心态，缓解内耗，重拾自我。

首先，学会深呼吸。这是一个轻松上手、随时可练的技巧。深呼吸能让我们身心放松，焦虑自会悄然消退。

> 接下来，尝试冥想。每天留出10分钟，闭目静坐，专注于呼吸之间，感受气息的流动。冥想不仅能舒缓身心，更能提升我们的专注与情绪的稳定性。
>
> 再者，记录心情也是个好方法。每天书写内心所感，将压力和焦虑化作文字，有助于我们理清思绪，释放负面情绪。
>
> 我深知，在这座城市中，我们每个人都面临着生活与工作的双重挑战。但请记住，我们不应让内耗的心态剥夺我们的快乐与健康。
>
> 正是这些简单的调节技巧，帮助我重获内心的宁静，也让我的生活更加丰富多彩。我真心希望，你们也能尝试这些方法，找回那份属于自己的平静与幸福。
>
> 若你喜欢这段视频，别忘了点赞、关注，并分享给身边需要的朋友。我们下期视频再见！

为了更精准地搜集与脚本相匹配的素材，你可以尝试使用ChatGPT将中文脚本翻译成英文。这样做的好处是，在搜索过程中，你能更容易地找到与脚本内容高度相关的素材。同时，别忘了也将提示词问题和脚本一同翻译好，以备不时之需。这一方法能大大提升你的工作效率，确保视频制作的顺利进行。翻译为英文的提示词问题和脚本如下。

Prompt question：

What is the main message or goal of this video? This video aims to help urban people relieve stress through three small methods. The video is titled："Mental Regulation Methods for Internal Struggles | Exclusive Tips from Urban Healing Pioneers."

Who is the target audience of this video? The target audience is primarily people in urban areas who are under significant work pressure.

What tone or atmosphere do you wish to achieve? Use a gentle and soothing tone to help relieve stress.

What is the desired length of the video? Length：One and a half minutes.

Script：

Video Title：Mental Regulation Methods for Internal Struggles | Exclusive Tips from Urban Healing Pioneers

"Do you feel overwhelmed by work every day, and are you experiencing constant inner anxiety? In this video, I will reveal the exclusive tips from urban healing pioneers to help you overcome internal struggles and regain inner peace."

"Hello everyone, I am your urban healing pioneer. In the busy urban life, we are often troubled by endless work and life pressures, causing our inner balance to gradually diminish. However, through a few simple exercises, you can effectively adjust your mindset and alleviate internal struggles."

"Step one: Learn to breathe deeply. This is a practice that can be done anytime, anywhere. Deep breathing helps us relax both body and mind, reducing anxiety."

"Step two: Meditate. Take 10 minutes each day to close your eyes, focus on your breathing, and feel each inhale and exhale. Meditation not only relaxes the body and mind but also enhances our concentration and emotional stability."

"Step three: Keep a mood journal. Write down your feelings and thoughts daily, pouring out your inner stress and anxiety. This helps to clear your mind and release negative emotions."

"I know that like me, you face the dual pressures of life and work. We are all striving in this city, but we should not let internal struggles consume our happiness and health."

"Through these simple regulation methods, I have regained inner peace, and my life has become more fulfilling. I hope you can try these methods and find your own peace and happiness."

"If you like this video, remember to like, follow, and share it with those who need it. See you next time!"

### 7.2.4 生成长视频演示操作

基于上一小章对AI生成视频工具的详细解析，这里我们选择使用素材库丰富的Veed.io来进行实际操作。我们通过GPTs（即ChatGPT）来访问Veed.io，因为这样的操作方式不仅速度更快，而且ChatGPT还能协助我们调整脚本。当然，如果我们已经有现成的脚本，直接将其提交给GPTs中的Veed也是完全可行的。具体操作步骤如下。

来到ChatGPT页面，在GPTs的搜索栏输入Veed，就可以找到Video GPT by VEED，如下图所示。

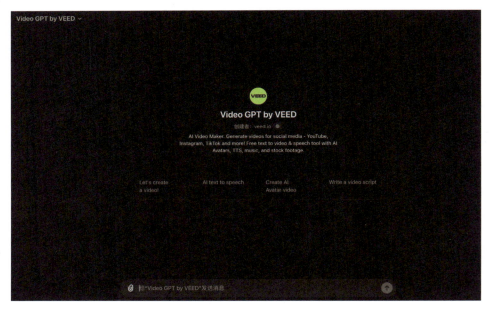

单击"创建视频"按钮后,你会看到一系列提示词问题。此时,复制并粘贴之前准备好的英文问题,包括:视频的主要信息或目标是什么?视频的目标受众是谁?希望达到什么样的语气或氛围?以及希望视频的时长是多少?接下来,在相应的输入框中,粘贴我们已经准备好的英文脚本内容,如下图所示。这样,你就可以根据这些详细的指导和素材,开始生成符合需求的视频了。

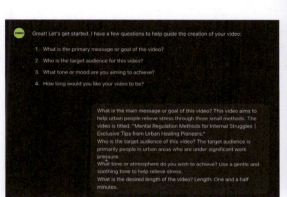
回答提示词问题

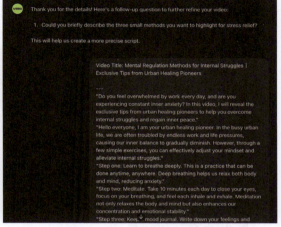
输入脚本

接下来,系统会提供这段视频的预估时长,本例中预估为90秒。同时,系统会询问我们选择男性配音还是女性配音。在这个环节,可以选择女性配音。但请注意,如果这一步仅是为了生成视频素材,那么选择男性还是女性配音并不重要,可以随意选择一个并单击"生成"按钮。操作界面如下图所示。

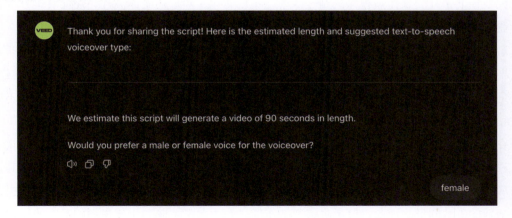

稍等片刻,生成好的视频就会出现在你眼前。通过单击生成的网页链接,可以进入完整的编辑界面。在这个界面中,可以自由调整素材,替换或编辑视频中的各个元素,例如更换背景、调整人物位置、添加字幕等。同时,还可以为视频添加声音,使其更加生动。如果只想使用这些素材进行二次编辑,那么可以选择去掉文字,并直接导出高清视频,如下页上图所示。

最终生成的长视频如下图所示。

利用这种方法，我们仅用了2分钟，就为通过ChatGPT生成的脚本配置了长达90秒的短视频内容。视频中包含了20段精心挑选的素材，并且按照我们的要求，配以女声朗读脚本。这种方法极大地提高了社交媒体短视频的制作效率，不仅简化了烦琐的制作流程，还显著提升了视频的专业水准和观赏性。无疑，这为内容创作者们提供了强大的支持。

现在，是时候释放你的创意，借助AI技术打造独一无二的视频故事了。记得分享你的作品，让世界见证你的才华。值得一提的是，使用AI生成视频的过程也是一个不断调试和练习的过程，无论是生成精准的2~4秒短视频，还是采用我们刚才介绍的方法生成长视频，都需要我们不断地尝试和改进。

在撰写这一章时，Runway发布了全新的Gen-3 Alpha版本。从技术文档中展示的生成视频效果来看，它完全有可能颠覆我们之前介绍的两种视频生成方法。虽然笔者曾考虑过等待其正式发布后再来撰写这个教程，但AI工具的更新速度实在是太快了。说不定等这一波热潮过去，又会有全新的工具问世。因此，笔者决定一鼓作气，先让大家掌握AI生成视频的基本技能，再随着技术的不断进步，逐步提升自己的能力。"与之一起成长"无疑是AI新时代下我们应有的最佳心态。同时，笔者也非常期待两个月前公布的Sora（OpenAI的文生成视频工具）以及这两个具有颠覆性的AI视频生成工具能为社交媒体内容创作带来更多新的可能性和惊喜。

在接下来的第8章中，我们将深入探讨AI在上传短视频到社交媒体过程中的重要作用。特别是，我们将学习如何利用AI优化短视频的标题，使其更具吸引力，以及如何使用Midjourney制作出引人注目的封面。这些工具和方法将进一步助力创作者在激烈的社交媒体竞争中占据优势地位，提高内容的曝光率和观众的互动参与度。

第 8 章

# 利用 AI 制作有情感的爆款标题和封面

大家是否还记得，在前文中，我们详细阐述的AI社交内容制作的"黄金五步"？如下图所示。现在，让我们一起来快速回顾这五个关键步骤，以便更好地构建利用AI制作内容的系统逻辑，并深入理解爆款标题的重要性。

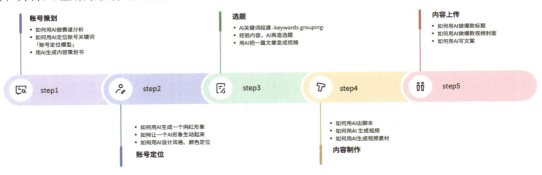

AI 社交内容制作黄金五步

首先，我们借助AI进行了账号策划，深入分析了疗愈领域的市场情况，通过大型语言模型挖掘出我们社交媒体内容的独特方向。在确定了内容差异化之后，我们进一步对账号细节进行了周密的策划，利用ChatGPT4生成了一份完整的账号内容策划案——"都市疗愈日记"。

接下来，我们根据策划案中的内容，设计了一个引人注目的网红IP形象，如右图所示。为了让这个形象更加生动，我们为其设计了多个远近不同的场景，极大地丰富了素材库。此外，我们还利用AI工具让这个IP形象能够开口说话，制作出富有吸引力的口播视频内容。

"都市疗愈日记"虚拟 IP 形象

同时，我们还掌握了一项新技能：为IP形象克隆了一个独一无二的声音，使其更具个性和辨识度。通过这"黄金五步"，我们不仅能够高效地利用AI制作出高质量的社交内容，还能打造出独具特色的网红IP，为账号吸引更多关注和喜爱。

接下来进入选题环节，这里将介绍一种前沿且重要的AI驱动选题方法——"AI关键词组建"选题法。这种方法在社交内容创作领域中处于领先地位，为内容创作者们提供了一个强大的工具。掌握利用AI进行选题后，我们进一步深入探讨了如何借助AI生成脚本。为此，我们提供了6个常用的脚本提示词模型，包括：带货脚本、HERO模型、故事叙述法、问题解决法、倒叙法，以及情感驱动法。这些脚本模型经过我们反复实践验证，能够满足日常脚本生成的需求。

在探讨如何利用AI生成视频的章节中，我们详细介绍了两种方法：生成小段视频，以及根据脚本生成长视频。通过这些方法，大家学会了如何为脚本快速配置合适的视频素材。完成这一系列步骤后，我们就拥有了完整的内容。接下来，便是至关重要的环节——将内容上传到社交媒体。这也是本章将要重点介绍的内容，即如何利用AI生成具有爆款潜力的选题和视频封面。

## 8.1 如何用 AI 制作爆款标题

标题优化对于内容创作者而言至关重要，因为它作为吸引读者的第一印象，直接决定了读者是否会点击并阅读文章。以小红书的日常浏览逻辑为例，非关注用户往往是通过标题和封面来决定是否进一步探索内容。

一个引人入胜的标题和封面能带来以下显著效果。

- 提升点击率：出色的标题能在搜索引擎结果页面中脱颖而出，从而吸引更多读者点击。高点击率不仅有助于提升文章的排名，还能增强搜索引擎优化（SEO）的效果。
- 传递核心价值：标题是文章内容的精髓，能够迅速传达文章的核心信息，激发读者的兴趣和好奇心，进而吸引他们深入阅读。
- 吸引精准目标受众：通过优化标题，创作者可以更有针对性地吸引特定目标受众。使用目标受众偏爱的关键词、表达方式和语言风格，能增加文章与受众的契合度，提高读者满意度和回头率。

综上所述，标题优化对于内容创作者来说具有不可忽视的重要性。它不仅能有效提高流量、点击率和内容分享量，还能增强品牌影响力，吸引更多目标受众，并准确传达核心信息。通过精心优化标题，创作者可以获得更出色的内容表现，并拓展更广泛的读者群体。

现在，让我们通过两张对比图来直观感受标题和封面优化前后的差异，如下页上图所示。仔细观察这两组标题和封面，你会更倾向于点击哪一个呢？接下来，我们将深入分析这两个短视频封面图片及其标题，以探讨哪个更具吸引力。

左侧的封面，以"5分钟数字人教程"为题，展示了一位处于柔和光线中的女性角色，背景是阳光明媚的室内环境，整体给人一种温暖与舒适的感觉。然而，这个封面并未直观地展现出数字人制作的最终成果。

相比之下，右侧的封面则大不相同。标题"AI替我打工：高质量数字人教程"显得趣味十足且充满吸引力。封面图片采用了鲜明的对比手法：左侧是现实生活中的女性，右侧则是她的数字人版本。这种对比不仅直观展示了现实与数字人之间的差异，更成功捕捉了观众的注意力。标题中的"AI替我打工"无疑激发了人们的好奇心，让人想要一探究竟，了解这种技术的实现方式。

因此，在笔者看来，右侧封面无疑更具吸引力，更能引发用户的点击意愿。原因显而易见：鲜明的对比效果、趣味性的标题，以及成功传达视频内容的同时，还能通过巧妙的表述激起观众的兴趣。这正是优秀标题和封面的力量所在，它们能让你在繁杂的社交媒体内容中脱颖而出！

经过长达6年的社交内容创作积累，并结合最新的语言模型技术，福基社媒传播自主研发了一套AI驱动下的社交媒体爆款标题组合拳玩法。这套方法对于未来的社交媒体内容创作者而言，无疑是一把不可或缺的利器。我们将这套利用AI打造爆文标题的秘籍命名为"爆款标题AI五步优化法"，它将成为你在社交媒体上崭露头角的秘密武器。

试想一下，每当你陷入困境，无法构思出一个吸引人的标题时，AI便能即刻为你提供灵感。它不仅能让你的内容更具魅力，还能显著提升你的点击率和互动量。这套"爆款标题AI五步优化法"就如同你的私人AI教练，引领你逐步掌握那些顶尖内容创作者的独门绝技。

### 8.1.1 "爆款标题AI五步优化法"介绍

在 *Beyond Algorithms: The Human Touch in Machine-Generated Titles for Enhancing Click-*

Through Rates on Social Media（超越算法：提高社交媒体点击率的机器生成标题中的人情味）这篇论文中，我们深入探讨了"爆款标题AI五步优化法"。这是一种创新且系统的社交媒体标题优化方法，其核心目的在于提升社交媒体平台上内容标题的吸引力与效果。该方法巧妙地融合了AI语言模型的力量与人类对情感的深刻理解，从而打造出既吸引人又富有深度的标题，显著提高点击率。它充分利用了AI在数据分析和关键词优化上的卓越能力，同时不忘加入人类的情感直觉，确保每个标题都能触动人心，与当下文化紧密相连。

该方法的基本逻辑清晰明了，如下图所示。

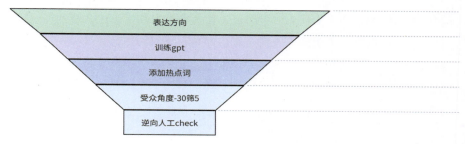

### 1. 确定表达方向

首先，我们根据目标受众的特点来确定标题的基本主题和走向，确保内容与受众高度契合。

### 2. 训练语言模型

接着，搜集该方向上已有的成功案例——那些已经证明了自己吸引力的标题，并将它们输入到GPT模型中。通过这一步骤，我们训练AI掌握成功标题的精髓，使其能够生成同样引人注目的新标题。

### 3. 添加热点关键词

紧随其后的是对社交媒体趋势和热门关键词的深入分析。我们将这些关键词巧妙地融入标题中，不仅增强了标题的相关性，还优化了搜索引擎表现，从而提高了内容的可见性和吸引力。

### 4. 从受众角度筛选标题

在此阶段，我们站在观众的角度，精心挑选出那些最能触动他们心弦的标题。每一个标题都是对观众偏好的精准回应。

### 5. 逆向人工检查

最后，我们引入人类的直觉和判断，进行逆向人工检查。这一步至关重要，它确保每个标题都能激发观众的好奇心，提供独一无二的认知体验，并在情感层面与观众产生深刻共鸣。

"爆款标题AI五步优化法"是一种系统且高效的方法,专门用于创建既有效又引人入胜的标题。该方法巧妙地融合了AI的数据分析优势与人类对情感和文化背景的敏锐洞察,旨在打造出既在搜索排名中脱颖而出,又能深刻触动目标受众心灵的标题。通过这种独特的混合方式,确保所生成的标题既具备数据驱动的精准性,又拥有情感上的强大吸引力,从而显著提升点击率和观众参与度。接下来,将对每个步骤进行详尽的介绍。

### 第一步:确定表达方向

通常,在上传内容的阶段,我们已经明确了选题和具体内容。接下来,我们会根据选题拆解出基础标题的逻辑框架,即(受众人群)通过(什么事)得到了(什么好处)。在确定了这一逻辑框架后,我们便可以进一步明确标题的"表达方向"。那么,何为标题的"表达方向"呢?简而言之,社交网络上的爆款文章标题大多可归属于以下三大"表达方向":满足好奇心、颠覆性认知、满足同理心。

- **满足好奇心**:这一方向旨在挖掘用户的好奇心,通过打造神秘感来吸引用户点击标题,进而探索内容。例如,《原来马斯克的择偶标准是这样的,嫁给首富其实很容易》这样的标题便成功引发了用户的好奇。
- **颠覆性认知**:这类标题会对读者的既有价值观产生冲击,从而成为吸引读者点击进入的关键因素。通常,这类标题的点击率非常高。例如,《我那些从不买单的老实人同学》便是一个典型的颠覆性认知标题。
- **满足同理心**:这一方向强调对用户身份的认同,通过标题与用户建立情感连接,帮助用户实现自我表达,并产生强烈的身份认同感。例如,《刷朋友圈就像从垃圾堆里找吃的》这样的标题便成功引发了用户的情感共鸣。

值得注意的是,虽然所有爆款标题都可归属于这三大表达方向,但每个大方向下还包含众多细分类型。以"满足好奇心"为例,其下便可细分为故事开头、构建未来场景、制造负面危机、发出挑战、假设、揭秘、前后对比等多个小类。为了更直观地展现这些细分类型,我们整理了3个表格,分别收集了每个表达方向下的爆款标题实例。

| 满足好奇心 | |
|---|---|
| 标题方向 | 爆款标题例子 |
| 故事开头 | 《1993年的她成了上市公司的总监,你和她差的不止一点》<br>《×××生娃的原因竟是没被好好爱过》<br>《14岁被迫辍学,3次历经生死,40岁成云南首富,人生永远不会没有路》<br>《××怼了半个娱乐圈,再用一句话圆回来》<br>《采访了3000个大学生,追女神的故事》 |
| 构建未来场景 | 《如果没有了高考,我们的幸福感会提升吗?》<br>《下班后1小时,决定你未来5年的薪资》 |

续表

<table>
<tr><td colspan="2" align="center">满足好奇心</td></tr>
<tr><td align="center">标题方向</td><td align="center">爆款标题例子</td></tr>
<tr><td align="center">制造负面危机</td><td>《其实，你男/女朋友也嫌你穷》<br>《男到中年，不如狗》<br>《痛苦来自能力不够，却想赚更多的钱》</td></tr>
<tr><td align="center">发出挑战</td><td>《挑战做博主的第一天》<br>《挑战一天只花10元钱》<br>《挑战一年不吃肉的第300天》</td></tr>
<tr><td align="center">假设</td><td>《考研失败的年轻人，后来都怎么样了？》<br>《我把给我钱的人怼走了》<br>《成为牛人最终无外乎变成这种样子》<br>《我想开房，老婆不让》<br>《北京，有2000万人在假装生活》</td></tr>
<tr><td align="center">揭秘</td><td>《你是怎么在庞氏骗局中被玩死的？》<br>《房价10000多元，这里是北京的"鹤岗"》<br>《如何开一场用户排队的产品发布会》<br>《杀猪盘从未离开，单身女一直被宰》<br>《你见过凌晨4点的珠海吗？》<br>《视奸前任朋友圈之后，我后悔了》</td></tr>
<tr><td align="center">前后对比</td><td>《高考不是结束，而是开始》<br>《早起看意志，晚睡看执行》<br>《社交营销越发达，你的进步越困难》<br>《你想要的是进步，却被人拿来变现》<br>《聪明人闻风而动，笨蛋一直在等勺子》<br>《故事可以让你看得很爽，逻辑推演才能让你走得远》<br>《接收干货的前提是，脑子里不能有水》<br>《谁的人生不是一边在生活，一边在不想活》<br>《你们在国内买SK-II，老外在中国抢大宝》<br>《谁不是一边坚持不婚主义，一边被迫相亲》</td></tr>
</table>

<table>
<tr><td colspan="2" align="center">颠覆性的认知</td></tr>
<tr><td align="center">标题方向</td><td align="center">爆款标题例子</td></tr>
<tr><td align="center">反常识</td><td>《在什么年纪就做什么事？我偏不！》<br>《以前我劝你们努力，今天我劝你们放弃》<br>《七夕，我在民政局排队离婚》<br>《早知道分手这么爽，我早就分手了！》<br>《我的父母，是世上最大的"骗子"》</td></tr>
</table>

续表

| 颠覆性的认知 ||
|---|---|
| 标题方向 | 爆款标题例子 |
| 反共识 | 《我很怕听到年轻人说"做自己"》<br>《别让"兴趣"糟蹋了你的前程》<br>《真正决定人生高度的，不是勤奋，而是懒人思维》<br>《第一次做人，我劝你做个"坏人"》<br>《越努力，"死"得越快》<br>《为什么人生需要有意义？》<br>《人生苦短，没事不要强行励志》<br>《对不起，我要的是结婚，不是精准扶贫》<br>《结婚前"我养你"，结婚后"是我养的你"》<br>《我终于接受，儿子是个平凡的孩子》<br>《在我妈眼里，我的人生已经完蛋了》<br>《三观不正的华语剧：就算评分再高，我也必须差评》 |

| 满足同理心 |||
|---|---|---|
| 标题方向 || 句式 |
| 情感认同 | 口语化，直接用语气词表达自己的态度 | 《别扯了，这世上根本就没有怀才不遇》<br>《不好意思，你的努力不值钱》<br>《你以为毕业了就不用学习了吗？》<br>《被性侵过，我就脏掉了吗？》<br>《长了一张明星脸，怪我咯？》<br>《你看不上我？好巧，我也是》 |
| | 说人话，带着情绪表达观点，获取认同 | 《老板，我要请假，我爸让我回家继承皇位》<br>《感谢春运，我捡了个男朋友》<br>《年终奖发这么少，老板你好意思吗？》<br>《你随便批评，反正老子不听》<br>《职场不相信眼泪，要哭回家哭！》<br>《连陪孩子的时间都没有，你成功个屁啊》 |
| | 目标人群"嘴替"，替网友发泄一直想说的情绪 | 《北方过年走亲戚是这样的吗？同一个世界同一个亲戚》<br>《"你变了""是啊，那又怎样"》<br>《你不就是嫌我穷吗？》<br>《"有钱人很任性？""穷人才任性"》<br>《"孩子小，你不能让着点吗？""不能"》<br>《别和我谈梦想，我的梦想是回家躺着》<br>《你是什么货色，老娘就是什么脸色》 |

续表

| | 满足同理心 | |
|---|---|---|
| | 标题方向 | 句式 |
| 价值认同 | 直接提出问题，抓住读者 | 《真正的熬夜论来了，你属于哪种？》<br>《如何选择发型，中分与偏分哪个更适合你？》<br>《如何在无趣的世界里，做一个有趣的人？》<br>《如何对付爱搞暧昧的男人？》<br>《到底怎么才能赚到很多钱？》<br>《宇宙难题：男女之间到底做什么，才算在一起了？》<br>《她凭什么才毕业2年，就升职3次，月薪从4000元到4万元？》 |
| | 人群标签式 | 《十条早春&秋冬百搭裤子，平价显瘦韩系穿搭》<br>《饮食干货｜适合学生党的减脂方法》<br>《内向的人为什么更容易成功》<br>《20多岁做什么，才能到30多岁不后悔》<br>《如果你刚毕业，少打游戏多看房》<br>《英语不好的你，正在慢慢与时代脱节》<br>《别做言行不一的"成长婊"》<br>《那些更优秀的人，对自己下手更狠》<br>《女硕士谈恋爱有多难？》<br>《24岁就要相亲，这合理吗？》<br>《90后干掉80后，从不说抱歉》 |
| | 用陈述语气，帮你解决问题 | 《看完这7条，年薪百万只是一个小目标》<br>《只有一个人，可以解决婆媳矛盾》<br>《90%的女人都无法拒绝一种男人》<br>《做到这六点，老板才会乖乖给你加薪》 |
| | 干货类 | 《四个卫衣穿搭公式｜轻松GET韩系小姐姐风》<br>《远离护肤伪科学，这5个护肤误区你别碰》<br>《1000个爆款标题公式，谁用谁火》<br>《27个神仙级的运营工具，新媒体人都在用！》<br>《吐血整理96篇考研笔记，再也不用"无厘头"备考了》 |
| | 善用金句翻新，看起来就很有道理 | 《因为无所依仗，所以必须强大》<br>《世间所有的争吵，都是因为男人不会说话》<br>《所谓情商高，就是要有分寸感》<br>《你不是迷茫，你只是浮躁》<br>《我受过最痛的凌迟大刑，是你的冷暴力》<br>《所有不谈钱的老板都是耍流氓》 |

### 第二步：训练ChatGTP，输入爆款标题让它学习逻辑

将上述总结的各个表达方向下的爆款标题输入到语言模型中，通过深度学习，使模型掌握成功标题的精髓和特点。这样，AI便能生成具有相似吸引力的标题。以下是针对"满足同理心"表达方向中"人群标签式"一栏的提示词示例。

> Prompt：
>
> 你是小红书标题文案专家，现在从以下爆款标题中，分析这些标题为什么能成为爆款。
>
> 《十条早春&秋冬百搭裤子，平价显瘦韩系穿搭》
>
> 《饮食干货丨适合学生党的减脂方法》
>
> 《内向的人为什么更容易成功》
>
> 《20多岁做什么，才能到30多岁不后悔》
>
> 《如果你刚毕业，少打游戏多看房》
>
> 《英语不好的你，正在慢慢与时代脱节》
>
> 《别做言行不一的"成长婊"》
>
> 《那些更优秀的人，对自己下手更狠》
>
> 《女硕士谈恋爱有多难？》
>
> 《24岁就要相亲，这合理吗？》
>
> 《90后干掉80后，从不说抱歉》

### 第三步：添加热点词，生成标题

在输入了成功案例的标题后，ChatGPT会深入剖析这些标题成为爆款的原因。紧接着，我们将利用这些分析得出的有效方法，并结合当前社交平台上的热点关键词，让ChatGPT为我们生成10个具有相似吸引力的爆文标题。通过细致分析社交媒体的最新趋势和热门关键词，我们能够确保所生成的标题既具有高度相关性，又能在搜索引擎中得到优化，从而提升内容的热度指数，更轻易地吸引用户点击。以标题内容"职场人用这四个AI工具能节省时间"为例，我们将融合ChatGPT所学习到的标题创作技巧，同时注入平台相关的热点词汇，精心构建出引人入胜的新标题。我们的提示词将围绕这一主题展开，力求打造出既贴合职场人需求，又紧跟时代潮流的爆款标题。

> Prompt：
>
> 用以上总结的方法，重新优化10个标题
>
> 标题内容《职场人用这四个AI工具能节省时间》
>
> 并选择加入下面合适的热点词
>
> 职场沟通
>
> 职场沟通技巧
>
> 职场人
>
> 职场那些事
>
> 职场小白
>
> 职场技能
>
> 职场达人

ChatGPT优化后的标题结果，如下图所示。

1. 《职场人必备！用这四个AI工具节省时间，职场技能飞速提升》
   - 吸引力：突出AI工具对提升职场技能的帮助，吸引职场人士关注。
2. 《职场达人推荐：四个AI工具帮你轻松省时，效率翻倍！》
   - 吸引力：强调职场达人推荐，增加可信度和吸引力。
3. 《职场小白也能用的四个AI工具，省时省力再也不怕加班》
   - 吸引力：针对职场新手，提供实用的省时工具，缓解加班焦虑。
4. 《掌握这四个AI工具，职场沟通再无压力，节省大量时间》
   - 吸引力：解决职场沟通问题，同时强调节省时间。
5. 《职场达人都在用的四个AI工具，提升职场沟通技巧就是这么简单！》
   - 吸引力：突出提升职场沟通技巧，吸引关注。
6. 《职场那些事：四个AI工具帮你省时省力，高效工作不再是梦》
   - 吸引力：以故事性引入，增加趣味性和吸引力。
7. 《职场人用这四个AI工具节省时间，快速提升职场技能！》
   - 吸引力：结合职场技能提升，明确工具的实用性。
8. 《用这四个AI工具，职场沟通变得高效，省时又省力》
   - 吸引力：强调在职场沟通方面的高效性和省时效果。
9. 《职场小白福利：四个AI工具帮你节省时间，快速上手职场》
   - 吸引力：专为职场新手设计的标题，解决他们的痛点。
10. 《四个AI工具助你成为职场达人，节省时间，效率爆表！》
    - 吸引力：突出成为职场达人的目标，激发读者的动力。

所以最终我们的标题就从《职场人用这四个AI工具能节省时间》变成了：

- 《职场人必备！用这四个AI工具节省时间，职场技能飞速提升》
- 《职场达人推荐：四个AI工具帮你轻松省时，效率翻倍！》
- 《职场小白也能用的四个AI工具，省时省力再也不怕加班》
- 《掌握这四个AI工具，职场沟通再无压力，节省大量时间》
- 《职场达人都在用的四个AI工具，提升职场沟通技巧就是这么简单！》
- 《职场那些事：四个AI工具帮你省时省力，高效工作不再是梦》
- 《职场人用这四个AI工具节省时间，快速提升职场技能！》
- 《用这四个AI工具，职场沟通变得高效，省时又省力》
- 《职场小白福利：四个AI工具帮你节省时间，快速上手职场》
- 《四个AI工具助你成为职场达人，节省时间，效率爆表！》

有些人可能会疑惑，如何寻找社交平台的关键词呢？其实，寻找热点趋势关键词的方法与我们之前介绍选题章节中的方法是一致的。你可以直接在平台的搜索栏中输入关键词进行搜索，或者利用各种关键词词库工具来辅助查找，如下图所示。这些工具能够帮助你更有效地挖掘出当前的热门话题和趋势，从而为你的内容创作提供有力的支持。

小红书搜索栏

5118 流量词库 小红书关键词挖掘

### 第四步：筛选标题

这一步的筛选过程并非由人工完成，而是依赖于语言模型自身的筛选能力。语言模型会从受众的角度出发，基于观众的偏好，自动挑选出最具吸引力的标题。这也正是我们在第一步中拆解标题为"（受众人群）通过（什么事）得到（什么好处）"的原因。整个标题优化的流程始终围绕受众展开，确保能够精准触达并吸引目标人群的兴趣。提示词将引导语言模型进行这一筛选过程，确保最终选出的标题既符合受众口味，又充满吸引力。

> 用以上方法再生成20个爆款标题
>
> 再从受众的角度,挑出以上20个标题中最能引起好奇,点击量最高的5个句子。

结果如下图所示。

当然,我们可以继续优化生成更多吸引人的标题。以下是再次优化后的20个爆款标题,每组10个,分别加入热点词:

**组1**

1. 《职场达人都在用!四个AI工具让你节省时间,效率提升!》
   - 吸引力:职场达人推荐,提升效率。
2. 《职场小白必看:四个AI工具让你省力,迅速上手!》
   - 吸引力:针对职场新人,解决时间管理问题。
3. 《四个AI工具助你高效职场沟通,节省大量时间!》
   - 吸引力:解决职场沟通问题,强调时间节省。
4. 《职场那些事:用这四个AI工具轻松省时,工作效率翻倍》
   - 吸引力:以故事性引入,增加趣味性。
5. 《职场人必备的四个AI工具,高效省时,职场飞速提升》
   - 吸引力:明确AI工具的实用性和技能提升效果。
6. 《四个AI工具让职场沟通无压力,节省时间,事半功倍》
   - 吸引力:强调职场沟通的高效性和省时效果。
7. 《职场达人力荐:四个AI工具帮你节省时间,提高工作效率》
   - 吸引力:达人推荐,增加可信度。
8. 《四个AI工具助力职场人,高效沟通,节省时间不是梦》
   - 吸引力:职场人的实际需求和解决方案。
9. 《职场技能提升必备:四个AI工具帮你省时高效工作》
   - 吸引力:明确技能提升和时间管理的双重效果。
10. 《四个AI工具让职场小白也能高效工作,节省时间利器》
    - 吸引力:解决职场新人的时间管理痛点。

**组2**

11. 《四个AI工具让职场达人事半功倍,轻松省时!》
    - 吸引力:职场达人使用,增强可信度和吸引力。
12. 《职场沟通无压力:四个AI工具帮你节省时间,高效完成工作》
    - 吸引力:解决沟通问题,强调高效和省时。
13. 《四个AI工具助你成为职场达人,节省时间,提高效率》
    - 吸引力:职场达人的目标,吸引力强。
14. 《职场小白必备:四个AI工具让你快速上手,高效工作》
    - 吸引力:针对新手,解决上手难题。
15. 《职场那些事:四个AI工具帮你节省时间,提高工作效率》
    - 吸引力:故事性引入,增强趣味性。
16. 《四个AI工具让职场沟通高效又省时,提升工作质量》
    - 吸引力:高效沟通和省时并重,实用性强。
17. 《职场技能提升利器:四个AI工具帮你节省时间,事半功倍》
    - 吸引力:技能提升和时间管理的双重效果。
18. 《职场达人推荐:四个AI工具助你高效工作,节省时间》
    - 吸引力:达人推荐,可信度高。
19. 《四个AI工具让职场小白也能高效省时,轻松上手》
    - 吸引力:解决新手的上手和时间管理问题。
20. 《职场人用这四个AI工具节省时间,高效完成任务》
    - 吸引力:明确实用性,适合职场人士。

这些标题结合了热点词和优化技巧,进一步提升了吸引力,能够更好地引起读者的兴趣和点击欲望。

我们从上述生成的20个标题中精心筛选出5个,之所以采用20筛5的比例,原因有两点。首先,广泛生成标题可以确保我们获得足够多样性的选择。通过反复测试,我们发现20个标题作为初步基数,能够在保持多样性的同时,也保证了筛选的效率。当然,这个比例可以根据实际情况进行调整,增加基数可以进一步丰富选择,但为确保标题的多样性和广泛性,20个是最小推荐基数。其次,生成更多的标题可以为我们提供更多的选择余地,从而提高最终选择的质量。通过细致的筛选和比较,我们可以更容易地识别出那些最优质、最具潜力的标题。这种方法有效地避免了因标题数量不足而可能错过更佳选项的风险,旨在最大化找到最佳标题的可能性,如下图所示。

> 从职场人的角度，挑选出最能引起好奇并且可能点击量最高的5个标题如下：
>
> 1. 《职场达人推荐：四个AI工具帮你轻松省时，效率翻倍！》
>    - 吸引力：强调职场达人推荐，增加可信度，并且突出了省时和效率提升，极具吸引力。
> 2. 《职场小白必看：四个AI工具让你省时省力，迅速上手！》
>    - 吸引力：针对职场新手，解决他们的痛点，提供省时省力的方法，易引起共鸣。
> 3. 《四个AI工具让职场沟通无压力，节省时间，事半功倍》
>    - 吸引力：解决职场沟通问题，突出高效和省时，针对性强。
> 4. 《四个AI工具助你成为职场达人，节省时间，提高效率》
>    - 吸引力：目标明确，成为职场达人是很多人的愿望，同时强调省时和效率提升，吸引力大。
> 5. 《职场技能提升必备：四个AI工具帮你省时高效工作》
>    - 吸引力：明确技能提升和时间管理的双重效果，对职场人士有很强的吸引力。
>
> 这五个标题通过结合职场达人的推荐、职场新手的需求、职场沟通的痛点和技能提升的实用性，极大地激发了读者的好奇心和点击欲望。

这是最终ChatGPT帮我们挑出的结果。

- 《职场达人推荐：四个AI工具帮你轻松省时，效率翻倍！》
- 《职场小白必看：四个AI工具让你省时省力，迅速上手！》
- 《四个AI工具让职场沟通无压力，节省时间，事半功倍》
- 《四个AI工具助你成为职场达人，节省时间，提高效率》
- 《职场技能提升必备：四个AI工具帮你省时高效工作》

### 第五步：逆向人工检查

"机脑"虽然强大，但终究无法比拟人脑的情感丰富性。我们的受众是有血有肉的人，因此，真正能够抓住他们注意力的标题，是那些能触动他们情感、引发他们深入思考的标题。基于这一点，我们需要人工为标题注入情感色彩，或者从生成的标题中挑选出富有情感的那些。回顾一下我们之前讲过的爆款标题三大表达方向：满足好奇心、颠覆性认知、满足同理心。在筛选标题时，我们要看这些标题是否符合这三大价值中的至少一个，从而挑选出最具有点击吸引力的标题。

现在，让我们来详细分析一下几个具体的标题案例。

- 《职场达人推荐：四个AI工具帮你轻松省时，效率翻倍！》：此标题借助"职场达人推荐"增强了可信度，直接点明"省时"和"效率翻倍"的实用效果，很好地满足了受众对高效工作的渴望。
- 《职场小白必看：四个AI工具让你省时省力，迅速上手！》：此标题针对"职场小白"这一特定人群，解决了新手面临的实际问题，如"省时省力，迅速上手"，很容易引起这一群体的共鸣。
- 《四个AI工具让职场沟通无压力，节省时间，事半功倍》：此标题结合了职场沟通的热点趋势，突出了高效和省时的特点，针对性非常强。
- 《四个AI工具助你成为职场达人，节省时间，提高效率》：此标题中的"成为职场达人"是许多人的目标，同时强调省时和效率，非常吸引人。
- 《职场技能提升必备：四个AI工具帮你省时高效工作》：此标题针对需要提升技能的职场人士，解决了职场技能提升和时间管理的双重需求。

在对比这五个标题后，我更倾向于选择标题1和标题2。标题1通过"某某推荐"满足了同理心，增加了信任感；而标题2则明确了受众群体，并满足了他们通过工具快速上手的需求。从原始的《职场人用这四个AI工具能节省时间》到最终的《职场小白必看：四个AI工具让你省时省力，迅速上手！》我们对用户身份的认同和通过标题与用户的交流得到了极大的提升，从而产生了强烈的身份认同感。

通过"爆款标题AI五步优化法"，内容创作者可以显著提高标题的吸引力和点击率。这种方法融合了AI的分析力量和人类的情感智慧，不仅增强了标题的相关性和可见性，还确保了标题既具备数据支持，又能触动人心。这一方法不仅提升了标题的点击率和观众参与度，还为内容创作者提供了一个系统化且高效的标题优化流程。实际上，"爆款标题AI五步优化法"是一个旨在提高爆款内容出现概率的流程，它是在原有内容基础上进行优化的方法。基于这套逻辑，我们还设计了五个常用的标题模板，省去了收集标题并让语言模型学习的过程。创作者只需在提示词中填空，就能快速生成具有吸引力的标题。在下午中，我们将介绍五大常用标题提示词模型，这些模型将为创作者提供更多的灵感和策略选择，为打造爆款标题添砖加瓦。

## 8.1.2 五大常用标题模型——故事开头

故事开头写作方法，旨在通过叙述故事迅速引发观众兴趣。我们曾在AI生成脚本部分中详细探讨过此方法，它涉及情节设置、角色引入以及悬念制造，能迅速捕获读者或观众的注意力，激发他们对后续内容的好奇与期待。在文学创作、影视剧本及各类短视频标题制作中，这一方法均得到广泛应用。

故事开头的关键要素如下。
- 引人入胜的开场：要求能立刻吸引观众，可以通过描绘戏剧性场景、提出有趣问题或引入重要角色实现。
- 设置悬念：作为故事开头的核心部分，能激发观众好奇心，促使他们继续观看，可通过暗示即将发生的重大事件或提出未解之谜来增强期待感。
- 引入角色：角色是故事的灵魂，通过角色的介绍与塑造，观众能与故事产生情感共鸣，需介绍角色的背景、动机与冲突，使其形象更加立体、真实。
- 明确故事背景：为情节发展提供环境与基础，帮助观众更好地理解故事，需简洁清晰地描述故事发生的时间、地点与环境。

以下举几个例子，首先是职场奋斗故事系列：《1993年的她成了上市公司总监，你和她差的不止一点》《从月薪3000到年薪百万，她是如何做到的？》以及《从默默无闻到行业领袖，她的逆袭之路》。再来是励志逆袭故事系列：《14岁被迫辍学，3次历经生死，40岁成云南首富，人生永远不会没有路》《家庭贫困，他是如何靠自己的努力改变命运的？》以及《从街头卖艺到登上国际舞台，他的奋斗故事让人泪目》。这些例子均能将读者带入戏剧化场景，引发无限遐想与好奇。

那么，如何将故事开头方法与AI技术结合，打造出爆款短视频标题呢？其实这与使用语言模型生成脚本的逻辑相似。我们首先在提示词中预设好要使用的模型，如有现成案例，可提供一两个供语言模型学习。接着融入相关关键词，便可生成具有吸引力和针对性的短视频标题。

---

标题模板（故事开头）

你现在是专业编辑，改写以下关键词为短视频标题，标题用"故事开头"的方法，结合关键事件和角色的介绍，制造悬念，引发人好奇，每一个关键词改写3个标题。每一个标题不超过20字。

举例：

《93年的她成了上市公司总监，你和她差的不止一点》

《14岁被迫辍学，3次历经生死，40岁成云南首富，人生永远不会没有路》

关键词：

#××××××××#

#×××××××#

#××××××××××#

---

提示：

- 上文中红色字体部分代表建议修改的内容。
- 标题字数受各社交媒体平台限制，通常要求在20~22个字内，请据此调整。
- 在创作标题时，可以融入当前平台的热点关键词或句子，也可以参考已有标题方向进行拓展。

现在，我们尝试将《都市疗愈日记》中的脚本标题《内耗心态调节法｜都市疗愈先锋的独家秘诀》优化成一个更具故事性的开头标题。将修改好的提示词输入ChatGPT，如下页上图所示。

第 8 章　利用 AI 制作有情感的爆款标题和封面

> 你现在是专业编辑
> 改写「内耗心态调节法丨都市疗愈先锋的独家秘诀」为短视频标题，标题用故事开头的方法，制造悬念，引发人好奇，改写3个标题。每一个标题不超过25个字。
> 举例：
> 《93年的她成了上市公司总监，你和她差的不止一点》
> 《14岁被迫辍学，3次历经生死，40岁成云南首富，人生永远不会没有路》

> 好的，以下是改写的三个短视频标题，每个标题不超过25个字，用故事开头的方法，制造悬念，引发人好奇：
>
> 1. 《她曾陷入内耗，如今成疗愈先锋，秘诀何在？》
> 2. 《从职场困境到疗愈大师，她用了什么方法？》
> 3. 《都市白领逆袭：她的内耗调节法震惊众人》

这是ChatGPT根据提示词生成的几个标题选项：《她曾陷入内耗，如今成疗愈先锋，秘诀何在？》《从职场困境到疗愈大师，她用了什么方法？》和《都市白领逆袭：她的内耗调节法震惊众人》。在这些选项中，笔者倾向于选择第三个标题，因为它不仅故事感更为强烈，而且明确指向了目标受众——都市白领。故事开头的技巧在创作吸引人的爆文标题中尤为关键，它通过构建神秘感来激发用户的好奇心，进而促使他们点击标题以深入探索。因此，我们将原标题《内耗心态调节法丨都市疗愈先锋的独家秘诀》迅速调整为更具故事魅力的标题《都市白领逆袭：她的内耗调节法震惊众人》，整个过程仅耗时5分钟。这显示了使用模板方法的效率明显高于AI五步优化法，但实际上，这些模板也是基于AI五步优化法的核心理念衍生而来，两者在逻辑上是相辅相成的。

## 8.1.3　前后对比

前后对比的写作方法，是一种精湛的技巧，它通过展现变化前后的鲜明状态来制造冲突、激发好奇心。这种方法的核心在于揭示出显著的差异或转变，从而牢牢抓住读者或观众的注意力。

运用前后对比时，关键在于确保对比的显著性和冲击力。选择两个迥然不同的状态或场景进行对比，能够凸显出强烈的反差和冲突，进而引发观众的思考和探究欲。同时，通过情感的渲染来体现前后的巨变，不仅可以唤起观众的情感共鸣，还能为内容增添更深层次的吸引力。

此外，巧妙地利用对比来设置悬念，也是这一方法的精髓所在。诸如"究竟是何原因导致了这样的变化？"或"未来又将何去何从？"等问题，能够有效激发观众的好奇心，驱使他们渴望了解更多背后的故事或细节。而视觉上的对比，则是一种直观且有力的表达手段。通过运用对比鲜明的图片或视频片段，观众可以一目了然地看到变化前后的巨大差异，从而更加深刻地感受到这种对比所带来的震撼和启示。

以下是一些应用前后对比手法的标题案例。

### 例子1：减肥前后对比

关键词：减肥、变化、情感

标题1：《这是我减肥前后的样子，彻底傻了》

标题2：《从胖墩到健身达人，我的蜕变之路》

标题3：《坚持减肥一年，我的变化超出你的想象》

### 例子2：装修前后对比

关键词：装修、变化、家居

标题1：《看看我们家装修前后的对比，完全变了一个样！》

标题2：《小户型大改造，装修前后差异震撼！》

标题3：《从破旧到豪华，这就是我们的家装之旅》

### 例子3：生活方式前后对比

关键词：生活方式、转变、健康

标题1：《养娃前精致小伙，养娃后油腻大叔》

标题2：《熬夜与早睡的对比，改变的不止是精神状态》

标题3：《健身前后的生活对比，我的人生因此改变》

我们来看一下实际操作，还是修改《内耗心态调节法｜都市疗愈先锋的独家秘诀》这个标题，修改下面的提示词模板并输入ChatGPT。

---

模板（前后对比）

你现在是专业编辑，改写以下关键词为短视频标题，标题采用前后对比的方法，制造悬念，引发人好奇，每一个关键词改写3个标题。每一个标题不超过20字。

举个例子：

《这是我减肥前后的样子，彻底傻了》

《养娃前精致小伙，养娃后油腻大叔》

关键词：

#××××××××#

#×××××××#

#××××××××××#

这是我们精心打磨后的标题：《从内耗严重到心态平和，她经历了什么？》此标题巧妙地运用了"内耗严重"与"心态平和"的鲜明对比，再结合故事开头的问句形式，极大地引发了人们的好奇心。若你是观众，在浏览时遇到这样的标题，无疑会被深深吸引，情不自禁地点击进去，探寻她究竟经历了怎样的转变。

### 8.1.4 引发共鸣

引发共鸣的写作方法，作为我们之前探讨的"满足同理心"表达技巧的一种延伸，旨在通过触发情感共鸣和身份认同，牢牢抓住观众的注意力。这种方法的核心在于让观众在内容中找到自己的共鸣点，从而产生深刻的情感反应和积极的互动。在社交媒体内容和短视频标题的制作中，这一方法被广泛应用，效果显著。其关键要素包括建立情感链接、塑造身份认同、讲述真实故事以及鼓励自我表达，这些要素共同作用于观众的心灵，激发他们深层次的共鸣和参与感。常用方法如下。

- 情感连接：借助情感化的叙述和语言，触及读者或观众的心灵，让他们在内容中寻得情感上的共鸣。细致描绘各种真实的情感体验，如欢愉、哀愁、愤懑等，从而拉近与受众的情感距离。
- 身份认同：通过展现与受众息息相关的经历或感触，构建一种身份上的认同感。精心刻画那些观众可能亲身经历的普遍情境或难题，令他们由衷感叹"这正是我的感受"。
- 真实故事：以真实故事为载体，传递真挚的情感与经历，使观众能够感同身受。运用生动的细节和确凿的案例，为故事注入更强的说服力和感染力。
- 自我表达：借助内容的铺陈，为观众提供一个表达情感和思想的平台。通过设置开放式的结尾或议题，鼓励观众积极分享个人的故事与见解。

以下是几个在职场中释放压力，通过情感释放引发共鸣的例子。

- 《职场不相信眼泪，要哭回家哭！》
- 《加班到深夜的你，还好吗？》

以下是几个初为父母的育儿困境，通过遇到的共同场景，真实的故事，释放情感，引发共鸣的例子。

- 《每天晚上哄孩子睡觉的心酸，谁懂？》

- 《养娃路上的那些无奈瞬间，你经历过吗？》
- 《育儿真相：那些不为人知的心酸和感动》

同理，以下是成长中的共鸣。

- 《从被霸凌到勇敢面对，她的成长之路让人泪目》
- 《青春的伤痛与荣耀，你还记得多少？》
- 《那些年，我们一起追过的梦想》

---

模板（引发共鸣）

你现在是专业编辑，改写以下关键词为短视频标题，通过情感的共鸣产生极大的身份认同感，与用户产生交流，帮助用户自我表达，让用户有代入感。每一个关键词改写**3个**标题。每一个标题不超过**20字**。

举个例子：《刷朋友圈就像从垃圾堆里找吃的》《职场不相信眼泪，要哭回家哭！》

关键词：

#××××××××#

#××××××××#

#××××××××#

#××××××××#

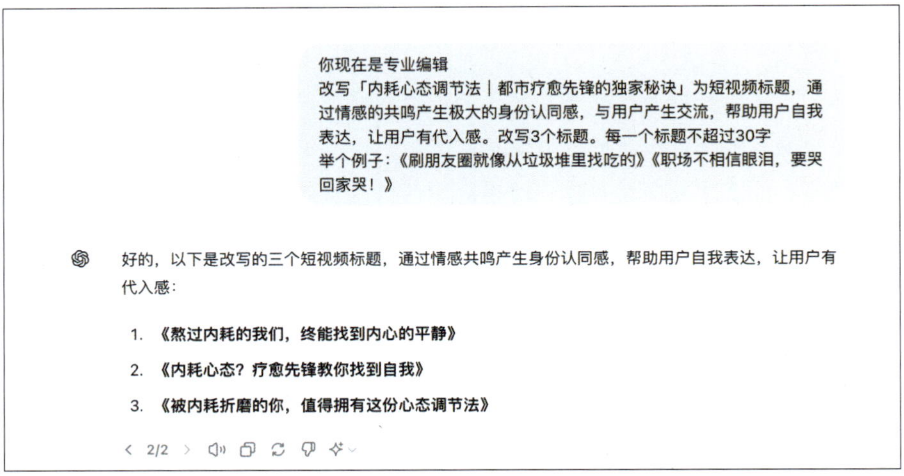

---

你现在是专业编辑
改写「内耗心态调节法｜都市疗愈先锋的独家秘诀」为短视频标题，通过情感的共鸣产生极大的身份认同感，与用户产生交流，帮助用户自我表达，让用户有代入感。改写3个标题。每一个标题不超过30字
举个例子：《刷朋友圈就像从垃圾堆里找吃的》《职场不相信眼泪，要哭回家哭！》

好的，以下是改写的三个短视频标题，通过情感共鸣产生身份认同感，帮助用户自我表达，让用户有代入感：

1. 《熬过内耗的我们，终能找到内心的平静》
2. 《内耗心态？疗愈先锋教你找到自我》
3. 《被内耗折磨的你，值得拥有这份心态调节法》

---

上图展示了引发共鸣的模板提示词，从中我们可以清晰地了解到，通过触发情感共鸣和身份认同，能够有效吸引观众的注意力。现在，让我们运用这一理念来修改标题。以《内耗心态调节法｜都市疗愈先锋的独家秘诀》为起点，我们期待能创造出更具共鸣力的标题。

经过润色，标题变为：《都市人的心灵疗愈：从内耗到平和，你也能掌握的转变秘诀》。这个新标题不仅保留了原标题的核心信息，还通过强调"都市人"的身份认同和"从内耗到平和"的情感转变，更好地引发了观众的共鸣。

通过精心运用引发共鸣的模板，我们对原标题《内耗心态调节法 | 都市疗愈先锋的独家秘诀》进行了深入润色，最终选定了《熬过内耗的我们，终能找到内心的平静》这一新标题。此标题巧妙地以过来人的视角传递情感指引，不仅显著提升了标题的相关性和吸引力，更确保了其在情感层面与观众产生深度共鸣，从而大幅增强了内容的影响力和传播效果。这正是引发共鸣写作方法的精髓所在——它不仅能有效提升观众的参与度，还能助力创作者构建更为深厚的观众关系，进而增强品牌忠诚度和用户黏性。

此外，这一方法在众多社交媒体内容领域均展现出了广泛的应用潜力。例如，在生活方式与健康领域，通过探讨日常生活、健康饮食、健身运动等话题，能够轻松引发观众对自身生活方式的深刻思考，如《养成这些好习惯，你也能变得更健康！》和《每天早起跑步，我的生活发生了哪些改变？》等标题便是典型例证。同时，在职场与职业发展领域，分享职场经验、职业发展建议以及工作生活平衡之道等内容，同样能够轻易触及职场人士的心灵，激发他们的强烈共鸣。

不仅如此，情感与人际关系、个人奋斗与励志故事等主题更是与引发共鸣的模板高度契合。这些主题所蕴含的情感元素、身份认同以及个人经历，使内容能够轻易与观众建立起深厚的情感联系，进而激发他们的浓厚兴趣和积极互动。

## 8.1.5 构建未来场景

构建未来场景的短视频标题撰写方法，是"满足好奇心"策略的一种巧妙运用。它通过描绘未来可能出现的场景或事件，巧妙地吸引观众的注意力，激发他们的好奇心和想象力。这种方法所撰写的标题往往具有前瞻性和启发性，能够引领观众深入思考未来的变迁与各种可能性。在撰写这类标题时，我们应注重描绘具体而生动的未来场景，运用描述性语言和丰富的细节，为观众勾勒出一幅栩栩如生的未来画卷，从而让他们对视频内容充满期待和兴趣。

教育场景的例子如下。

- 《如果没有了高考，我们的幸福感会提升吗？》
- 《未来的学校：没有考试，只有快乐学习》

职业、生活场景的例子如下。

- 《下班后1小时，决定你未来5年的薪资》
- 《人工智能时代，我们该如何规划职业生涯？》
- 《未来的工作模式：远程办公还是虚拟现实？》
- 《十年后的城市生活会是什么样子？》

通过构建未来场景的写作方法，创作者能够巧妙地为用户打造一个充满遐想的空间，不仅引导他们深入思考和想象未来的各种变化与可能性，还能显著增强内容的吸引力和讨论热度。下面展示了未来场景构建的模板，这种优化方式使标题更具前瞻性和启发性，进一步激发用户的好奇心和探索欲。

> 模板（构建未来场景）
>
> 你现在是专业编辑，改写以下关键词为短视频标题，标题采用构建未来场景的方法，制造悬念，引发人好奇，每一个关键词改写3个标题。每一个标题不超过20字。
>
> 举个例子：
>
> 《如果没有了高考，我们的幸福感会提升吗？》
>
> 《下班后1小时，决定你未来5年的薪资》
>
> 关键词：
>
> #××××××××#
>
> #×××××××#
>
> #××××××××#

> 你现在是专业编辑
> 改写"内耗心态调节法｜都市疗愈先锋的独家秘诀"为短视频标题，标题采用构建未来场景的方法，制造悬念，引发人好奇，改写5个标题。每一个标题不超过30字。
>
> 举个例子：
> 《如果没有了高考，我们的幸福感会提升吗？》
> 《下班后1小时，决定你未来5年的薪资》
>
> 好的，以下是改写的五个短视频标题，每个标题采用构建未来场景的方法，制造悬念，引发人好奇：
>
> 1. 《调整内耗心态，未来的你会更幸福》
> 2. 《都市疗愈先锋：未来没有内耗的生活》
> 3. 《如果掌握内耗调节法，你会如何改变？》
> 4. 《未来的你，因耗调节法找到平静》
> 5. 《疗愈先锋的秘诀：未来的你也能轻松摆脱内耗》

优化后的两个标题，《调整内耗心态，未来的你会更幸福》和《都市疗愈先锋：未来没有内耗的生活》，均出色地构建了未来场景。前者通过描绘未来幸福生活的美好愿景，引发人们的无限遐想；后者则明确指出了问题的解决方案，即通过消除内耗来构建一个没有困扰的未来生活场景。这两个标题都巧妙地运用了构建未来场景的写作方法，有效地表达了主题，并激发了观众的好奇心和期待感。

## 8.1.6 反常识

反常识的短视频标题撰写方法，作为颠覆性认知策略中的一种，其核心在于通过打破观众的常规认知来吸引注意力。这种方法通过挑战人们的固有观念和传统价值观，制造出强烈的认知冲击，从而迅速引发观众的好奇心和兴趣。反常识的标题往往具有出人意料的颠覆性，能够轻松吸引眼球，并激发广泛的讨论和分享。

例如，《七夕，我在民政局排队离婚》这一标题，就巧妙地利用了"七夕"这一情侣们普遍庆祝的节日作为背景，通过描述一个与节日氛围截然相反的场景——排队离婚，来制造出强烈的反差和冲击感。再如，《一天三顿吃快餐，他竟然更健康》这一标题，则选择了"快餐不健康"这一普遍接受的常识作为切入点，然后从相反的角度提出问题，从而引发观众的好奇和讨论。

那么，如何利用反常识的方法打造出爆款短视频标题呢？关键在于将反常识的技巧巧妙地植入到提示词模板中。首先，选择一个普遍接受的观点或常识作为起点；然后，从相反或颠覆性的角度提出问题或声明，以制造出强烈的认知冲击；最后，确保标题具有足够的争议性和挑战性，以激发观众的强烈表达欲望和互动意愿。通过这样的步骤，相信你一定能够创作出引人入胜、充满讨论热度的反常识短视频标题。提示词模板如下。

---

模板（反常识）

你现在是专业编辑，改写以下关键词为短视频标题，标题采用"反常识"的方法，对读者的价值观产生冲击，选择一个普遍接受的观点或常识，然后从相反的角度提出问题或声明，引发人好奇，每一个关键词改写3个标题。每一个标题不超过20字。

举个例子：

《我那些从不买单的老实人同学》

《七夕，我在民政局排队离婚》

关键词：

#××××××××#

#××××××××#

#××××××××××#

#××××××××××#

> 你现在是专业编辑
> 改写「内耗心态调节法｜都市疗愈先锋的独家秘诀」为短视频标题，对读者的价值观产生冲击，选择一个普遍接受的观点或常识，然后从相反的角度提出问题或声明，引发人好奇，改写5个标题。每一个标题不超过30字
> 举个例子：《我那些从不买单的老实人同学》
> 《七夕，我在民政局排队离婚》
>
> 好的，以下是改写的五个短视频标题，通过对读者的价值观产生冲击，引发人好奇：
>
> 1. 《内耗是好事？疗愈先锋的惊人发现》
> 2. 《内耗真的无解？看看她的逆袭之路》
> 3. 《人人避之不及的内耗，她却视为财富》
> 4. 《你以为内耗是敌人？疗愈先锋却不这么想》
> 5. 《内耗让人更强大？她的故事颠覆常识》

在ChatGPT中输入反常识的模板后，我们得到了几个颇具创意的标题。其中，《内耗是好事？疗愈先锋的惊人发现》这一标题巧妙地运用了反常识的方法，将通常被视为负面的"内耗"描述为好事，这种颠覆性的观点无疑会激起人们的好奇心，使他们想要点击进入，一探究竟。同样，《你以为内耗是敌人？疗愈先锋却不这么想》也极具吸引力，它挑战了职场人对内耗的普遍厌恶态度，暗示内耗或许并非我们想象中的那么糟糕，甚至可能是我们成长的助力。这种反常识的手法，通过挑战观众的常规认知，制造冲击，成功引发了人们的好奇心，从而有效提升了短视频标题的吸引力。

当然，掌握这一过程需要反复练习和摸索。一个小技巧是在ChatGPT中多次尝试输入不同的关键词和组合，通过量的积累寻求质的突破，总有一个标题会让你眼前一亮，觉得就是它了。

现在，让我们简单总结一下五大常用爆款标题模型：故事开头、前后对比、引发共鸣、反常识以及构建未来场景。这些模型各具特色，适用于不同场景，能够帮助内容创作者精准地抓住观众的兴趣点。

- 故事开头：以引人入胜的故事作为开端，迅速吸引观众的注意力，并激发他们的好奇心。
- 前后对比：通过展示显著的变化，利用对比制造冲突和吸引力，从而引发观众的兴趣。
- 引发共鸣：借助情感共鸣和身份认同，让观众在内容中找到共鸣点，增强与观众的互动。
- 反常识：挑战观众的固有观念，制造认知上的冲击，以此激发讨论和分享。
- 构建未来场景：通过描绘未来的可能性和变化，激发观众的想象力和对未来的思考。

在每个模型的内容中，我们都提供了提示词模板和标题输入的演示。合理运用这些模型，可以让你的短视频标题更加有趣、吸引人，从而吸引更多观众的关注和互动。当然，除了标题，封面也是至关重要的一环。作为观众第一眼看到的视觉元素，封面对于吸引点击和增加观看量起着举足轻重的作用。在下文中，我们将深入探讨如何利用AI技术制作爆款视频封面，以打造令人难以忽视的视觉冲击力，进一步提升视频的整体表现。

## 8.2 如何用 AI 制作爆款视频封面

短视频封面在社交媒体平台上的重要性不言而喻，因为它直接关系到平台的推荐算法以及用户的浏览行为。以小红书为例，封面是影响其内容推荐机制的关键因素之一。

首先，封面直接影响着点击率。小红书的算法会精准地检测每个内容的点击情况，其推荐系统会运用先进的机器学习算法深入解析封面图像的质量、主题及其与用户兴趣的契合度，并以此为依据进行内容推荐。那些点击率高的内容会获得优先推荐的机会。

除了算法推荐，小红书还会通过人工审核来确保封面和内容都符合其社区规范及质量标准。此外，内容相关性也是一个不可忽视的要素。一个优秀的封面应当与标题和内容紧密相连，从而确保用户在点击后不会感到失望或被误导。

值得注意的是，用户点击后的观看时长也对推荐产生深远影响。一个吸引人的封面固然能提升初始点击率，但真正决定观众是否持续观看的，还是内容的质量和封面与内容的一致性。例如，一个既美观又与内容紧密相连的视频封面，能引导观众发现内容的趣味性，从而延长他们的观看时间。而算法则会根据这种长时间的停留来判断视频的高质量，进而增加其被推荐的机会。这种一致性不仅增强了用户对平台的信赖，也进一步影响了推荐机制。

从另一个视角来看，对于那些拥有推荐页面且以浏览为主要形式的平台，如YouTube和小红书，封面和标题的重要性更是被放大了。在这些平台上，首页的流量巨大，用户在浏览时首先会被封面所吸引，这也被称为视觉吸引力。当用户在快速浏览视频列表时，他们往往会依赖封面来做出是否点击的决定。一个出色且引人注目的封面能够迅速捕获用户的注意力。想象一下，在浏览抖音或快手的推荐页面时，用户会看到一连串的视频缩略图。其中，那些设计精良、色彩鲜明或具备独特视觉元素的封面，无疑会比普通封面更容易吸引用户的目光并促使他们点击观看。封面不仅能够预示视频的内容质量和类型，还能帮助用户在点击前建立预期。一个清晰且具有吸引力的封面可以让用户明确他们即将看到的内容，从而增加点击后的观看时长。

综上所述，一个优秀的封面不仅影响着推荐算法的判断，还直接关乎用户的点击行为和观看体验。设计一个引人入胜的封面，能够显著提升视频的点击率、观看时长和用户互动，从而在激烈的短视频竞争中助你一臂之力。

### 8.2.1 爆款封面具备的条件

在当今社交媒体的浩渺海洋中，一个出色的短视频封面犹如指引航向的明灯，决定着视频能否在繁杂的内容中脱颖而出，吸引观众的注目，进而赢得更多的点击与深入观看。一个优秀的封面绝非仅是一张美观的图片，它更是多重元素的巧妙融合，能够精准地传递视频的主旨与独特魅力。那么，一个能够引爆关注的短视频封面，究竟需要具备哪些关键要素呢？以下便是我们总结的几大核心条件。

## 1. 吸引人的视觉元素

视觉元素构成了封面的基石，它们通过色彩的搭配、构图的布局以及图像内容的呈现，共同作用于吸引观众的视觉焦点。一个具有吸引力的封面往往展现出以下鲜明特点。

首先是色彩的鲜明性。利用高对比度和明快的色彩，封面能够在众多内容中脱颖而出，迅速捕获观众的注意力。例如，在YouTube平台上，科技领域的博主们常常采用富有科技感和未来感的色彩搭配，以此来强化封面的科技氛围和前瞻性，如下左图所示。

其次是构图的简洁性。一个简洁而不杂乱的构图能够让主要元素得到凸显，避免观众在视觉上产生混乱感。以美食视频封面为例，它们通常会将美味佳肴置于中心位置，辅以简洁的背景，从而有效地突出美食的色、香、味，激发观众的味蕾和好奇心，如下右图所示。

## 2. 明确的视频主题

一个出色的封面应当能够清晰、准确地传达视频的核心主题，使观众在匆匆一瞥之间便能洞悉视频的主要内容。要实现这一目标，以下几种方法值得借鉴。

首先是文字标签的巧妙运用。在封面上添加简洁明了的文字标签，能够迅速锁定视频的主题，帮助观众建立明确的观看预期。例如，旅游领域的博主可以在封面上醒目标注"泰国十大绝美海滩"，这样观众便能一目了然地了解视频将要呈现的内容，如下左图所示。

其次是主题元素的恰当选择。使用与视频主题紧密相关的图像元素，能够直观地展现视频的核心内容，激发观众的兴趣和好奇心。以健身视频为例，封面可以巧妙融入哑铃、瑜伽垫等健身元素，从而直观地传达出视频所涵盖的健身主题，如下右图所示。

3. 热点趋势

在设计封面时，充分考虑当前的热点趋势和观众的兴趣点至关重要，因为这能显著提升视频被点击的概率。以下是一些建议的做法。

首先是融入流行主题或挑战。紧密结合社交媒体上正火热的话题或挑战，能够借助其热度吸引更多关注。例如，针对"野外生存"等热门挑战，设计与之相关的封面，能够迅速抓住对此类内容感兴趣的观众，如下左图所示。

其次是结合节日或重要事件。巧妙利用节日氛围或重大事件的背景来设计封面，能够增加视频的时效性和吸引力。比如，在万圣节来临之际，发布化妆教程视频时，封面可以巧妙融入南瓜、鬼怪等万圣节元素，从而吸引更多寻求节日灵感和娱乐的观众，如下右图所示。

4. 强烈的情感共鸣

封面作为短视频的门面，应该具备激发观众情感共鸣的能力，从而引发他们强烈的观看欲望。实现这一目标的方式之一便是巧妙运用面部表情。通过展示鲜明且富有感染力的面部表情，如惊讶、兴奋或愤怒，封面能够迅速捕捉到观众的目光，并激发他们的好奇心。例如，在揭秘类视频中，常采用带有惊讶元素的面部表情作为封面，以此来吸引观众的点击和观看，满足他们对未知事物的探索欲望，如下页上图所示。

对于经常发布视频的创作者而言，封面上融入清晰的品牌标识至关重要。这不仅能够提升品牌的认知度，还能加深观众对品牌的忠诚度。具体来说，可以在封面的角落巧妙地放置品牌Logo，使观众在浏览时能够迅速识别出品牌，从而增强品牌的曝光和记忆度。例如，许多知名游戏博主便会在他们的视频封面上加上独特的Logo，以此来增强自己的品牌识别度。

此外，保持封面设计的一致风格也是塑造品牌形象的重要手段。这包括使用统一的颜色调性、字体选择和布局规划等，从而确保每一个封面都能够体现出品牌的独特性和专业性。比如，新闻类频道通常会选择简洁且正式的封面风格，以此来传递出权威和专业的形象。

一个成功的短视频封面，必然融合了吸引人的元素、明确的主题定位、紧跟热点趋势以及能够激发观众情感共鸣的特点。在制作过程中，还有许多细节技巧可以运用，以进一步提升封面的吸引力。在此，我们先对这些核心要素进行概括，而在下文中，我们将针对每一个技巧展开详细的探讨，并辅以实例加以说明。爆款封面技巧如下。

- 左右对比
- 隐藏关键信息
- 表示惊讶
- 不常见的元素
- 给文字关键词
- 大数字
- 抛问题
- 名人效应
- 震撼的数量
- 品牌识别

### 8.2.2　十大成就爆款封面的技巧

基于爆款封面所必备的关键元素，我们精心整理并总结出了十大封面设计技巧。

- 左右对比
- 隐藏关键信息
- 表示惊讶

- 不常见的元素
- 给文字关键词
- 大数字
- 抛问题
- 名人效应
- 震撼的数量
- 品牌识别

这十大封面设计技巧将作为我们生成图片提示词的重要组成部分，与之前制作的提示词模板相结合，为利用AI技术生成高质量照片提供坚实基础。

### 爆文封面公式

**突出重点的结构+吸引注意的元素 = 爆文封面**

在制作封面时，要时刻检查，这个封面是否有突出内容重点的结构，是否包含吸引人的元素。回看封面，重点不要超过3个，一秒就能看懂。

接下来我们详细解析制作短视频封面的十大技巧。

## 1. 左右对比

通过呈现鲜明的前后对比，能够有效吸引观众的注意力。这种方法常用于展示变化、转型或改造等主题。在美妆领域，我们经常见到这样的封面设计：左侧展示素颜照片，而右侧则呈现出化妆后的精致面容。同样，在减肥主题的封面中，左侧是减肥前的照片，右侧则展示出减肥后的显著成效。这种直观的对比方式能够让观众迅速捕捉到变化，从而激发他们的兴趣和好奇心，如下图所示。

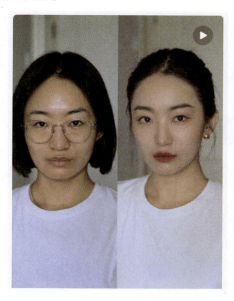

## 2. 隐藏关键信息

通过巧妙地隐藏部分关键信息，可以激发观众的强烈好奇心，促使他们点击观看以探寻完整的故事或细节。这种方法在悬疑故事中尤为常见，例如，封面上可能会以"揭秘××事件的真相"为引子，但关键线索却被马赛克处理，再配以诸如"××事件真相曝光，看完震惊！"之类的引人入胜的标题。同样，在产品发布会的预热宣传中，这种方法也大行其道：封面仅展示产品的某个引人瞩目的局部，再结合如"新款手机曝光，功能震撼！"等吸引人的标题，从而有效引发观众对产品全面了解的渴望，如下图所示。

## 3. 表示惊讶

通过呈现令人惊讶或出乎意料的表情，可以有效地展示故事情节的张力，进而吸引观众的注意力。众多内容创作者纷纷采用这种方法，以凸显自己内容的独特性和吸引力。他们巧妙地利用表情反馈，激发观众对视频内容的好奇心，从而引导他们点击观看，深入探索故事的精彩细节，如下图所示。

### 4. 不常见的元素

通过展示罕见或别具一格的元素，能够轻松捕获观众的目光。例如，呈现一群蜘蛛在人身上爬行的场景，或者展露一个前所未见的机器人内心世界的戏码，都能迅速激起观众的好奇心。这种方法特别适用于那些颠覆常规认知、挑战共识的选题，通过呈现反常识、反共识的画面，引导观众点击探索，满足他们对未知世界的渴望，如下图所示。

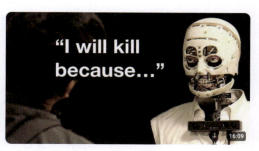

### 5. 给文字关键词

在封面上精练地使用关键词，能够明确且迅速地传达视频的核心主题和独特吸引力。这种方法特别适用于那些旨在引发情感共鸣和价值认同的内容，尤其是当文字与观众的同理心相结合时，其效果更为显著。例如，下左图的封面通过"活过来"这一简短的关键词，生动形象地展示了照片背后的故事，使得观众能够一眼洞悉视频的主旨。而下右图的封面则巧妙地利用文字表达了雷总的观点，从而拉近了与观众之间的心理距离，增强了互动与共鸣。

## 6. 大数字

通过醒目地展示大数字，能够有效吸引观众的注意力，并突出强调内容的重要性或震撼力。我们经常看到众多视频封面巧妙地运用大数字来吸引眼球，例如，《如何在一年内赚到一百万？》或者《价值500万美元的豪宅长什么样？》这样的标题。当封面上添加了这些引人瞩目的数字时，它们不仅为观众描绘了生动的画面感，还增强了视频的说服力，让人们更加期待点击观看，以探寻背后的精彩故事，如下图所示。

## 7. 抛问题

在封面上巧妙地提出一个问题，能够有效地激发观众的好奇心和思考欲望，进而促使他们点击观看以探寻答案。这种方法特别适用于热点趋势内容，通过抛出大众感兴趣的问题，引发观众的探究欲，让他们好奇视频中是否给出了满意的解答。例如，当Cyber Truck刚交付时，引发了广泛的讨论，博主抓住时机发布了一条测评视频，并在封面上标注"会成为经典吗？"这样的字样。这一提问方式精准地抓住了对Cyber Truck感兴趣的人群，激发了他们点击观看的欲望，以探究这款车型是否真的能成为经典，如下图所示。

## 8. 名人效应

借助名人或知名人物的影响力,可以显著提升视频的吸引力和可信度。例如,当博主采访苹果CEO库克时,这样的封面不仅能够吸引大量关注,还能利用名人效应激发观众的兴趣。据统计调查,高达90%的人会对自己熟悉或了解的事物产生浓厚兴趣,并因此更倾向于点击观看相关内容。因此,巧妙利用名人效应,可以为视频带来更多曝光和关注,如下图所示。

## 9. 震撼的数量

通过大量展示某种元素,能够引发观众的强烈震撼和好奇心。这种方法被称为"以多取胜",无论是人物还是物品,都可以通过数量的累积达到令人惊叹的效果。以Mr. Beast的封面为例,他常运用"震撼的数量"的策略,如用众多人物作为背景铺垫,或者将大量钞票作为封面元素,从而吸引观众的注意。另一个案例则是展示贴满冰箱贴的冰箱,通过物品数量的极致表现来制造视觉冲击。需要注意的是,这种方法的关键在于数量不仅要多,更要达到震撼的程度。因此,在运用此方法时,创作者应从用户的角度出发,思考何种数量才能引发观众的震撼感受,这便是此方法的精髓所在,如下图所示。

#### 10. 品牌识别

在封面上显著地展示品牌标识，是提升品牌认知度和增强用户忠诚度的有效手段。我们经常能见到一些封面设计，其中博主的肖像与频道Logo和谐共存，如"××的每日Vlog，记录真实生活"这样的标题，通过统一的颜色和风格，使观众能够迅速识别出视频所属的频道。要实现内容的品牌感，最简单的操作就是采用统一的配色方案。当观众看到符合这种配色的封面时，他们会立刻意识到这是经过精心制作的内容。

选择频道的主色调是至关重要的。一旦确定了基础配色，后续的视频素材、背景等元素都应与之相协调，以确保整体的品牌感觉一致。以星巴克为例，其Logo、标志和店内陈设都围绕着绿色、木色和灰色这一基础配色展开，从而营造出独特的品牌氛围，如下图所示。

在处理背景时，同样需要运用一些技巧。通过调整背景的颜色和亮度，可以确保文字和主要元素在封面上清晰可见，从而更加突出你想要观众关注的内容。

你可能会担心，如果在所有缩略图中使用相同的颜色，会不会显得过于单调？确实，这是一个值得考虑的问题。为了解决这个问题，你可以尝试更改画面的结构，如适当调整元素的位置、增加前后对比，或者仅使用吸引人的图像而省略字幕，以此来吸引观众的注意力。这样，既保持了品牌的统一性，又增加了封面的多样性和吸引力。

通过熟练运用这十大技巧，内容创作者能够迅速提升短视频封面的吸引力，进而提高点击率。这些技巧不仅有助于视频在海量内容中独树一帜，更能通过精准传达视频的核心信息和引发情感共鸣，加深观众的参与感和忠诚度。在设计封面时，创作者应结合视频的主题及目标受众的特点，灵活运用这些技巧，精心打造出既具吸引力又富有影响力的封面作品。

### 8.2.3 用AI生成视频封面

AI生图工具无疑将在未来大放异彩，其中，利用这些工具为社交媒体短视频打造封面便是其重要应用之一。然而，在探讨如何具体操作之前，我们需要深入理解两个关键环节：首先，如何与AI工具有效沟通，以确保其产出符合我们的期望；其次，明确一个优秀视频封面所应具备的特质，从而引导AI工具朝着正确的方向生成图像。关于后者，我们已在前文做了深入探讨，详细剖析了爆款封面的构成要素及其打造技巧。接下来，我们将把这些宝贵的经验和技巧融入提示词中。

在利用AI生成视频封面的实践中，Midjourney这款知名的AI图像生成工具将是我们的得力助手。在前文中，我们已领略了它通过文本描述生成高质量艺术风格图像的强大能力。Midjourney不仅能产出高分辨率、细节丰富的图像，还能根据需求灵活调整色调、光影等参数，实现多样化的风格呈现。当然，AI生图领域工具繁多，如DALL·E、Stable Diffusion、Runway ML等，各具特色，用户可根据自身喜好和社交内容属性选择最适合的工具。

然而，AI生图技术目前仍存在局限性。例如，在文字生成方面，AI尚无法保证完全无误。尽管它能生成高质量的图片，但在添加准确花字方面仍显力不从心。此外，整体设计的统一性也是一大挑战，AI在保持颜色、人物和风格的一致性方面仍有待提升。因此，在现阶段，我们更倾向于利用AI生成高质量的封面图底稿，而花字、符号、品牌Logo等细节则需要手动添加，以确保封面的整体效果和专业度。

在充分了解AI生成视频封面的优势与不足后，我们将深入探究提示词的逻辑构建，并携手打造一张精美的封面作品。

### 1. 如何撰写生成等面的提示词

撰写生成封面的提示词是一个综合性的过程，需要考虑多个方面以确保最终效果符合预期。以下是一些关键步骤和要素。

(1) 明确视频核心信息

- 视频标题：简洁明了地概括视频主题，使其既能吸引目标用户群体，又能准确传达视频内容。
- 视频内容描述：详细描述视频要表达的内容，包括目标受众、情感基调以及期望的观众反应。这将有助于指导封面设计的方向。

(2) 选择吸引人的元素和技巧

- 从之前总结的封面技巧中选择适合的元素，如左右对比、隐藏关键信息、表达惊讶或使用不常见元素等，以增强封面的吸引力。
- 考虑封面上的视觉焦点，确保关键信息能够在第一时间吸引观众的注意。

(3) 确定封面风格和尺寸

- 风格：根据视频内容和目标受众，选择合适的封面风格，如现代、复古、简约等。同时，确定基础色调和画面结构，以营造统一的视觉效果。
- 尺寸：明确封面的尺寸比例，如竖版（16:9、3:4）或横版（9:16），并在提示词中以"--[尺寸比例]"的形式明确标注。这将确保生成的封面符合不同平台的展示要求。

(4) 考虑是否使用垫图

- 如果可能，寻找与视频内容相似且表现优秀的爆文封面作为参考垫图。这可以为AI提供灵感和方向，确保生成的封面在视觉上具有吸引力且符合市场趋势。
- 如果无法找到合适的爆文封面，也可以尝试拼出一个大概的封面图结构用作垫图。这有助于明确设计方向和细节要求。

综上所述，撰写生成封面的提示词需要综合考虑视频的核心信息、吸引人的元素和技巧、封面风格和尺寸以及是否使用垫图等多个方面。通过明确这些要素，我们可以更有效地指导AI工具生成符合预期的封面作品。

### 2. 用 Midjourney 生成一张封面

现在我们遵循提示词的结构，为《从内耗严重到心态平和，她经历了什么？》设计一张竖版短视频封面。我们将采用前后对比的手法，在封面左右两侧展示不同的画面，以凸显变化。基础色调定为黄色与绿色，以营造鲜明的视觉冲击力。封面尺寸设定为竖版16:9，确保在各种设备上都能完美呈现。先根据提示词的结构写出各部分内容再翻译成英文提示词。

#### 左右对比封面（提示词）

创建一个短视频封面，题目是《从内耗严重到心态平和，她经历了什么？》帮助都市工作压力人群看到用了这个减压方法的前后变化。封面图被分为左右两部分，用对比的方法展示了一个在都市里的职场女性的两个状态。中间画一条分界线，左边极其压抑不开心，右边是心情舒展后的满足。女孩的脸要高清特写，能通过不同的表情看到前后的变化。封面的背景色为黄色，使用三分法突出关键人物，真实的照片 --v 6.0 --ar 9:16 --s 250

英文提示词如下。

Create a short video cover titled "From Severe Burnout to Mental Peace：What She Went Through？" to help urban workers see the before-and-after changes using this stress relief method. The cover image is divided into two parts, left and right, using a comparison method to show two states of a working woman in the city. Draw a line in the middle; the left side shows her extremely stressed and unhappy, while the right side shows her relaxed and content. The girl's face should be a high-definition close-up, with different expressions to show the before-and-after changes. yellow as the background base color , uses the Rule of Thirds to emphasize a key person and a title frame. The overall effect should be balanced, harmonious, and engaging, realistic photo, neutral facial expression --v 6.0 --ar 9:16 --s 250

来到discord，打开输入栏，在imagine后面输入翻译好的提示词，如下图所示。

> prompt　Create a short video cover titled "From Severe Burnout to Mental Peace: What She Went Through?" to help urban workers see the before-and-after changes using this stress relief method. The cover image is divided into two parts, left and right, using a comparison method to show two states of a working woman in the city. Draw a line in the middle; the left side shows her extremely stressed and unhappy, while the right side shows her relaxed and content. The girl's face should be a high-definition close-up, with different expressions to show the before-and-after changes. yellow as the background base color , uses the Rule of Thirds to emphasize a key person and a title frame. The overall effect should be balanced, harmonious, and engaging, realistic photo, neutral facial expression --v 6.0 --ar 9:16 --s 250

下页上图是生成的效果图。

第 8 章　利用 AI 制作有情感的爆款标题和封面

我们亲眼见证，借助AI工具，能够迅速呈现出我们所期望的视觉效果。这张封面图便是一个生动例证，它巧妙运用了对比手法，展现了一位都市职场女性截然不同的两种状态：一侧是忧郁不快的她，另一侧则是笑容满面的她。特写镜头精准捕捉了表情的细微变化，进一步强化了对比效果。最终，这张封面以竖版16:9短视频格式呈现，左半部分朦胧而压抑，右半部分则明亮而舒展，通过鲜明的对比，生动地展现了她的心态转变。

当然，尽管AI生成的封面已经相当出色，但仍有一些细节需要我们手动调整。我们可以利用Region笔圈出需要改进的区域，并输入相应的文字指令进行微调。至于文字部分，正如我们所预料的，AI的输出尚不够精准，因此我们需要根据标题内容重新添加文字。

展望未来，AI生成短视频封面无疑将成为社交媒体数字内容创作的主流方式。通过实际演示，我们看到AI技术能够迅速产出高质量、具有吸引力的封面，为内容创作者带来极大的便利。其高效性使得大量设计作品得以快速生成，从而显著节省时间和人力成本。与聘请专业设计师相比，使用AI生成封面的成本更为低廉。

然而，我们也必须正视AI技术的局限性。它可能在图像质量、元素排布等方面出现问题，甚至可能引发版权争议或伦理问题。因此，品牌在使用AI生成封面时，必须谨慎考虑这些因素，确保最终设计既符合品牌标准，又能满足观众期望。通过结合人类设计师的创意和判断，我们可以更好地发挥AI的优势，并有效弥补其不足。

随着本书这一部分的结束，我们已经完整走过了AI社交内容的黄金五步：从利用AI策划社交媒体账号，到生成虚拟网红IP，再到借助AI产出选题和脚本，最后到生成视频和封面。在每一个环节，我们都充分利用了AI工具，以提升工作效率和效果。

随着AI技术的不断进步，个性化和定制化内容将越来越普及。社交媒体平台将更加依赖个性化算法，为用户提供高度定制化的内容体验。这些算法不仅能够深入分析用户的行为和偏好，还能预测他们未来的兴趣点，从而提供更加贴心和相关的内容。同时，AI技术将大幅提升内容创作的效率，从文本创作到图像和视频的制作和生成，AI工具将逐渐普及并不断优化。此外，随着增强现实（AR）和虚拟现实（VR）应用的日益普及，AI技术与这些技术的结合将为社交媒体用户带来全新的互动体验。这些技术将使用户能够在虚拟环境中自由互动和分享，从而打破传统社交媒体的界限。

综上所述，AI技术正在深刻改变社交内容的创作和传播方式。从个性化推荐到自动化内容创作，AI在提升用户体验和创作效率方面发挥着举足轻重的作用。尽管面临隐私和安全等挑战，但随着技术的持续进步，AI将在社交媒体领域展现出更加广阔的潜力和影响力。我们可以清晰地看到，AI在未来社交内容创作中拥有无限可能，它将助力品牌和个人更高效地创作、传播和管理内容，从而提升用户体验和市场竞争力。

# 第 9 章
# 如何用 AI 社交内容翻转游戏规则

## 9.1 · 20 年后的社交媒体展望

想象一下，20年后的社交媒体将展现怎样的面貌呢？笔者曾多次向语言模型探询，也在脑海中反复勾勒，而能肯定的是，随着科技的飞跃与用户需求的不断演变，未来的社交媒体必将愈发沉浸式和个性化。然而，未知的潜在可能性犹如繁星点点，数不胜数。或许某一项技术的突破，或者全新社交方式的诞生，都将迅速重塑社交媒体的格局。现在，让我们放飞想象的翅膀，大胆畅想一下20年后的社交网络，那将是一个怎样精彩纷呈的世界。

### 1. 更沉浸的体验

想象一下，与你心仪的博主或远方朋友进行面对面的虚拟互动，无论彼此身处南半球还是北半球，距离都不再是问题。用户只需通过VR头戴设备或AR眼镜，就能轻松进入虚拟社交空间。更神奇的是，利用全息投影技术，你甚至可以仿佛真实地踏入对方的空间，就像与朋友面对面聊天一样自然。在这个全新的社交世界里，你可以随心所欲地表达自我，与朋友、家人，乃至名人进行全息互动，体验前所未有的沟通乐趣。

### 2. 混合现实和虚拟活动

在线与线下活动将实现无缝衔接，用户可以通过AR设备在现实世界中参与虚拟活动，也可在虚拟空间里感受真实的活动氛围。这些精心设计的虚拟空间不仅将真实世界的社交环境模拟得淋漓尽致，更将超越现实的桎梏，为用户提供更为丰富多元、创意十足的个性化场景。社交媒体将进一步消融地域与文化的隔阂，使用户能够轻松与世界各地的人们展开互动与交流，自由分享彼此的文化与观点。

### 3. 去中心化平台

去中心化的社交媒体平台将逐步崭露头角，用户在这些平台上将能够自由发布和管理内容，摆脱中央机构的束缚与审查。用户可以随心所欲地整理社交媒体内容，就如同轻松整理电脑桌面一般便捷。此外，区块链技术的运用将赋予用户对自身数据更多的掌控权，确保数据交易与使用的透明度和安全性得到显著提升。

#### 4. 虚拟 IP 和真实 IP 共存

用户可以在众多虚拟空间中自由创建多重虚拟身份，深入参与各式各样的社群与活动，尽情探索丰富多彩的虚拟生活。想象一下，一个现实生活中的高中生，在社交网络上可以化身为威猛的绿巨人，或者变身为拥有触角的长颈鹿。借助先进的AI生成技术，他甚至能够打造专属的生活空间，让虚拟IP的形象和世界更加栩栩如生。在这样的环境下，真实人类与虚拟IP得以在社交网络上和谐共存，而虚拟IP甚至有可能发展成为独立的数字物种，成为新兴的人类形态。

我们所畅想的20年后社交媒体，将是一个高度智能化、沉浸式、安全且互动的数字新世界。在这里，用户将享受到超越个性化的精准内容推荐、身临其境的虚拟现实社交体验，以及安全透明的数据保护措施。传统的社交互动方式将被彻底颠覆，用户将领略到前所未有的全新互动与交流方式。倘若这一愿景成真，社交网络无疑将成为未来人们社交的核心入口，其中所蕴含的商机与机遇将是无比巨大的，无论是对于企业组织的革新还是个人职业生涯的塑造。

那么，面对这样一个崭新的未来，传统企业和组织又该如何巧妙利用AI内容来实现新的增长与突破呢？

## 9.2 品牌如何利用 AI 社交内容做更有效的营销投放

笔者曾在一本书中看到这样的观点：营销似乎越来越像是一场追逐渠道红利的游戏。品牌们需要不断地探寻并利用新兴渠道的初期优势，以此实现低成本、高效率的用户获取。然而，这种红利往往转瞬即逝。随着竞争格局的加剧和平台规则的不断调整，品牌必须迅速应对，通过多渠道布局来维持其市场优势。这种持续的追逐与适应，使营销活动日趋复杂且充满动态变化。无论是渠道的快速更新、新平台的崭露头角，还是用户行为的瞬息万变，都要求品牌时刻保持高度警觉和准备。在这一系列的变革中，AI社交内容作为新兴的红利点和未来品牌建设的关键要素，其影响力将渗透到每一个环节。那么，面对这样的形势，品牌又该如何有效地利用AI社交内容所带来的红利呢？

### 9.2.1 品牌利用AI社交内容的切入点有哪些

在现代数字营销的舞台上，AI技术已成为品牌在社交媒体运营中的得力助手。通过深入剖析，我们总结出品牌利用AI社交内容的四大切入点，并结合实际案例，共同探讨其应用之道。

#### 1. 利用平台的个性化推荐机制扩大自己的影响力

社交媒体平台，诸如小红书、抖音、视频号、TikTok以及YouTube等，均采纳了由AI驱动的个性化推荐算法。这些算法能够精准地依据用户的兴趣偏好、行为模式及互动历史，为他们推送最为贴切的内容。品牌方可以巧妙利用这些算法，通过精心策划与制作内容，进而提升在目标受众群体中的曝光度与影响力。以Spotify和QQ音乐为例，它们凭借个性化推荐系统为用户量身打造歌曲与播放列表推荐，从而显著提升了用户的参与热情与忠诚度。

此外，众多科技巨头也在社交媒体上开设了官方账号，以此作为与公众沟通的新窗口。例如，苹果通过YouTube账号发布最新产品信息及官方发布会精彩片段，而OpenAI则为其文生视频产品在TikTok上开设了专属账号，根据粉丝反馈迅速生成一系列AI视频，短时间内便吸引了百万粉丝的关注。

针对这一趋势，品牌方应采取以下策略以优化其内容表现：首先，确保内容中融入恰当的关键词与标签，这有助于算法更准确地识别并推荐相关内容；其次，定期推出高质量、与受众兴趣点紧密相连的内容，以此提高被推荐的概率，从而在激烈的社交媒体竞争中脱颖而出。

## 2. 用AI生成内容扩大品牌影响力

在本书中，我们详尽地探讨了AI社交内容的展现形式与制作技巧。借助AI技术，品牌能够高效地创作出丰富多样的内容，涵盖文本、图像、视频等多种形态。这些内容不仅有效减轻了创作者的工作负担，更在提升内容的多元化和创意性方面表现出色，进而助力品牌扩大其市场影响力。

以Cosabella为例，该品牌通过运用AI工具生成精彩的品牌内容，不仅显著提高了内容输出的效率，更在保持高质量的同时，有效增加了博客流量和用户互动度。

针对这一趋势，我们提出以下策略建议：首先，利用AI创作出既富有创意又具备视觉冲击力的内容，以吸引用户的注意力；其次，结合AI的数据分析能力，深入挖掘用户数据，生成更加贴合受众喜好的个性化内容，从而实现更精准的内容营销。

## 3. 利用AI进行社交广告投放优化

AI技术能够自动分析海量数据，尤其是针对由其驱动的AI社交内容。通过反馈测试，AI可以精准识别出最有效的广告策略和最佳投放时机，从而显著提升广告效果，并提高广告投资回报率（ROI）。以某化妆品品牌为例，他们通过分析自己在社交媒体上发布的"AI社交内容"相关数据，成功筛选出表现最佳的内容，并对其进行了针对性的优化与投放。这一举措不仅有效提升了广告的参与率和点击率，还降低了广告成本。同时，该策略也完美适应了社交媒体内容快速更新的特点，确保只投放用户真正感兴趣的实时广告内容。

针对这一优势，我们提出以下策略建议：实施实时数据监控与灵活调整，不断测试最新发布的AI内容，以确保广告投放的时效性与受众兴趣的契合度。同时，借助AI工具实时监控广告效果，根据实际情况及时调整投放策略，以达到最佳广告效果。

## 4. 利用AI提升社交互动，给予客户更个性的支持和互动

AI驱动的聊天机器人和智能客服系统能够为客户提供高度个性化的支持与互动体验，进而提升客户满意度，并增强他们对品牌的忠诚度。无论是在品牌的社交媒体账户上，还是在其官

方网站中，AI都能迅速响应用户诉求，进行实时回复与互动。此外，AI还能根据互动内容和数据洞察潜在危机，为品牌提供预警。例如，越来越多的品牌正尝试运用AI聊天机器人来辅助用户进行在线购物，通过提供个性化的产品推荐，有效提高销售额。

针对这一趋势，我们提出以下策略建议：首先，在品牌网站和社交媒体平台上广泛部署AI聊天机器人，以提供即时的客户支持与互动；其次，利用AI深入分析客户数据，进而提供更为个性化的推荐与服务，全面优化客户体验。

AI在社交内容营销中的应用，无疑为品牌带来了前所未有的新机遇和优势。通过巧妙利用平台的个性化推荐机制、借助AI生成高质量内容、精准优化社交广告投放，以及全面提升社交互动质量，品牌可以紧跟AI科技的步伐，发掘新的市场切入点与商机。这不仅有助于品牌为新产品和新业务找到潜在客户，更能有效提升粉丝及客户的忠诚度与黏性。

### 9.2.2 案例解析

基于上述品牌利用AI社交内容的切入点，我们精选了几个案例，以便更直观地理解品牌为何应充分利用AI社交媒体内容，以实现更高效的市场营销。

#### 案例1：某服装零售企业

某服装零售企业利用AI技术生成了独特的虚拟试装模特，每个模特都拥有独特的外观，并结合星座与人格测试进行命名。例如，虚拟形象"敏敏"代表水瓶座与INFT性格，偏爱低调而浪漫的风格。通过每日试穿企业服装，并生成时尚搭配建议与季节性趋势图文或视频，该品牌成功吸引了更多曝光和目标用户。

#### 案例2：某旅行社

某旅行社创建了虚拟IP代言人"旅行搭子"，结合真实视角与虚拟人物，为用户推荐有趣且实惠的旅行目的地。同时，建立虚拟IP智能体独立站，根据用户旅行偏好和历史数据，提供个性化旅行推荐与行程规划。这不仅节省了用户做攻略的时间，还通过个性化推荐吸引了更多客户，提升了预订量、客户满意度和品牌忠诚度。

#### 案例3：在线教育平台

一家在线教育平台为名师们创建了数字人账号，在社交网络上分享优质课程内容，以吸引潜在学生。通过定期开启数字人直播，现场解答学生问题，增强了用户的信任感，从而提高了课程注册率和用户满意度。

#### 案例4：某健身房

某健身房创建了虚拟IP健身教练，通过短视频提供健身课程和健康饮食建议，以吸引目标受众。根据粉丝反馈和AI内容热度，定期组织虚拟活动。用户可以随时进入虚拟直播间跟随虚拟教练进行锻炼，费用仅为普通教练的1/3。课后，AI还能根据用户反馈生成个性化健身方案，有效增加了潜在客户数量和客户忠诚度。

案例5：某家居用品公司

一家家居用品公司利用AI技术打造了虚拟家居设计师形象"铃铛"，通过分享独特的家居布置和装饰创意灵感来吸引关注。虚拟设计师还会根据粉丝提问，定期为粉丝提供设计服务，增加了与用户的互动机会和黏性。这种互动方式不仅提升了品牌的专业形象，还促进了销售额的增长。

这些案例展示了企业和品牌如何通过AI社交内容开启新的营销方式。除了AI社交内容，企业和品牌还可以尝试各种智能营销手段，如个性化推荐、AI聊天机器人服务、情感分析、SEO优化以及智能学习助手等。通过这些措施的实施，企业和品牌将逐渐构建起在AI时代的核心竞争力。

### 9.2.3 社交营销大模型

这是"福基社媒传播"倾力打造的社交营销大模型，它汇聚了我们7年来在社交媒体行业的深厚积淀，其间我们成功助力500多个品牌实现社交媒体营销的高效投放。该模型能够助力品牌迅速洞悉社交媒体投放的各个环节，结合AI社交内容的强大赋能，将更系统地推动品牌企业实现全新增长。

我们的"社交媒体解决方案模型"精心划分为三大核心板块：数据调研、策略支持及执行管理，如下图所示。接下来，将详细解读每个步骤。

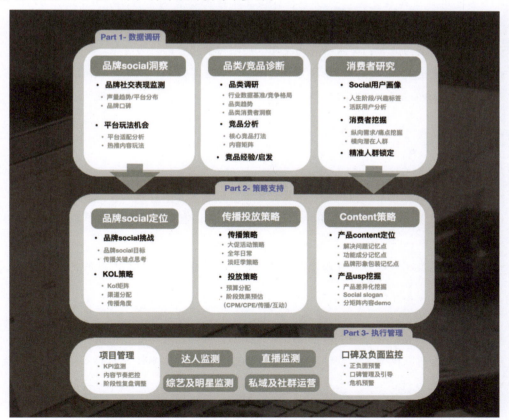

## 1. 数据调研

### 第一步：品牌社交洞察

- 品牌社交表现监测：持续追踪品牌在社交媒体上的活跃度和受众反馈，以评估品牌信息的传播效能。
- 平台机遇探索：深入分析各社交平台的特色与机会，为品牌定制专属的推广策略。
- 品牌影响力评估：通过关注度、互动率及口碑等多维度数据，全面衡量品牌在社交领域的影响力。

### 第二步：品类与竞品分析

- 品类市场调研：深入了解所在品类的市场动态与竞争格局，把握行业脉搏。
- 消费者与竞争态势分析：剖析消费者行为模式及竞争对手战略，发掘品牌的竞争优势。
- 竞品深度分析：对主要竞争对手进行全面剖析，洞悉其优劣势及市场表现。
- 广告投放策略研究：学习竞品的广告投放手法，提炼可借鉴之处与应避免的陷阱。
- 竞品经验借鉴：从竞品的成败案例中汲取教训，为自身策略优化提供参考。

### 第三步：消费者研究

- 社交用户画像构建：精准描绘社交媒体用户群体，洞察其兴趣、习惯与需求。
- 个性用户与网红发掘：识别并合作与品牌理念契合的个性用户及网红，以扩大品牌声量。
- 活跃用户行为分析：深入研究高互动、高忠诚度用户的行为特征。
- 潜在消费者挖掘：探寻潜在消费者的深层次需求与痛点，以制订更精准的营销策略。
- 目标受众精准定位：明确营销活动的目标人群，确保资源的有效投放。

## 2. 策略支持

### 第四步：品牌社交定位

- 品牌社交挑战识别：明确品牌在社交领域的挑战，并制订相应的应对策略。
- 品牌社交目标设定：确立品牌在社交媒体上的具体目标，如提升知名度、促进用户互动等。
- 传播机遇发掘：敏锐捕捉品牌在社交媒体上的传播机会，规划有效的传播计划。

## 3. KOL 策略

- KOL矩阵构建：筛选与品牌相契合的关键意见领袖，建立合作关系。
- 差异化合作策略制订：设计独具特色的KOL合作方案，确保内容的多样性与广泛覆盖。
- 传播角度与内容主题确定：明确KOL传播的重点与主题，以增强传播效果。

#### 第五步：内容策略

- 产品内容定位与触点设计：确定产品的核心内容触点和记忆点，以加深用户印象。
- 内容方向把控：确保内容的一致性和品牌特色的体现。
- 产品形象塑造与亮点强调：突出产品的独特之处，吸引用户关注并扩大社交影响力。
- 分段内容示范制作：提供分段式的内容示例，以提升内容的可操作性和吸引力。

#### 第六步：传播与投放策略

- 关键传播节点规划：确定促销活动的重要传播时点，以最大化曝光效果。
- 节假日营销策划：利用节假日契机进行特色营销活动，提升品牌的关注度。
- 互动活动组织：设计互动性强的活动，增强用户的参与感和品牌忠诚度。
- 广告投放策略制订：合理规划广告预算，选择高效的投放形式和内容设计以提升广告效果。

### 4. 执行管理

#### 第七步：项目管理

- KPI进度跟踪：持续追踪项目关键绩效指标的完成情况，确保目标的实现。
- 复盘与策略调整：定期进行项目复盘，根据实际效果进行策略的优化调整。
- 阶段性汇报机制：建立定期的阶段性汇报流程，及时发现问题并作出相应调整。

#### 第八步：口碑与负面信息管理

- 实时口碑与负面信息监测：持续监测品牌口碑及负面信息，以便及时应对潜在危机。
- 评论引导与管理：积极引导正面评论，妥善处理负面评论，以维护品牌形象。
- 危机传播应对方案制订：预先制订危机管理计划，确保在突发事件中能够迅速有效地应对。

除了上述的项目管理与口碑监测，还需要对达人合作、直播活动进行实时监控，并开展私域及社群的精细化运营工作，以进一步提升用户的忠诚度和黏性。通过这些系统化的操作步骤，品牌能够全面把握市场脉搏，制订并执行高效的策略方案，在AI社交内容的助力下实现品牌传播与用户增长的双重目标。

## 9.3 个人如何利用 AI 自媒体增加自己的影响力

作为个体，我们应当充分利用AI社交内容，以此来提升自身的影响力。无论从事何种职业，只要我们能够持续产出细分领域的有价值内容，便能够吸引到相应的受众。社交媒体的出现为普通人提供了展现自我、被更多人看到的机会。只要我们不断地产出有用、有趣、新颖、创意且实用的内容，社交媒体平台便会依据内容属性，将其推荐给感兴趣的用户。这正是我们强调个体需要利用好社交内容的重要原因之一。

## 9.3.1　AI社交内容助力个体发展的三个因素

**1. 利用平台个性化推荐，扩大个人影响力**

现代社交媒体平台通过用户的兴趣和行为来智能推荐内容。个人创作者可以精心设置内容标签和关键词，以此提高在平台上的可见度。AI算法深入分析用户行为和偏好，为用户提供定制化的内容推荐与互动体验。借助这种精准的个性化推荐机制，创作者能够更有效地吸引并维持受众，从而提升内容的参与度和观看时长。这是利用AI社交内容提升个人影响力的关键原因之一。

**2. AI 社交内容显著节省创作时间**

正如我们在本书中所探讨的，利用Midjourney、ChatGPT等工具，创作者可以快速生成脚本、选题，甚至是封面和视频，这极大地节省了个人创作时间，简化了视频制作的烦琐流程。例如，教育机构的教师可以利用数字人技术生成社交媒体内容，通过后台直接产出脚本和选题，并结合自身专业知识进行创作。这种方式将内容生产的时间成本降低到原先的1/3以下，显著提高了创作效率。

**3. AI 赋能，内容创意与多样性并存**

AI生成的图像和视频为社交内容注入了无限创意。创意产出的时间成本大幅降低，创作者只需通过语言描述，便能将脑海中的创意转化为现实。这一创新方式不仅激发了创作者的创造力，还极大地提升了内容的吸引力和多样性。

## 9.3.2　个人利用AI自媒体的切入点有哪些

AI在社交内容创作领域的应用，无疑为个人创作者带来了强大的助力，它不仅显著提升了内容生产的效率，还帮助创作者优化了社交媒体策略，加深了与观众之间的互动，并大大提高了广告投放的效果。借助平台的个性化推荐系统、AI内容生成工具、社交广告精准投放以及增强的社交互动功能，个人创作者能够以前所未有的效率扩大自身影响力，巩固与受众的联系，进而在自媒体这片属于个体的战场上崭露头角。那么，作为个体创作者，我们应该如何把握AI社交内容的机遇呢？又有哪些切实可行的切入点值得我们去探索和实践呢？

**1. 塑造别具一格的个性化主播**

正如我们在第五章中所探讨的，创作者可以打造一个富有创意的虚拟形象，并利用AI工具来创作独特的文本和视频内容。这些内容的主体不仅可以是人类，还可以是充满机械感的动物、四只脚的猴子、直立行走的大象，或者任何你能想象到的形象。利用前文介绍的方法，我们可以生成具有高度辨识度的内容主体，以其创意性吸引人们的关注。

例如，小白作为一名金融领域的咨询顾问，策划了一个名为"蔚蓝小鹿"的逼真虚拟人物。这个形象拥有睿智的眼神和专业的背景，同时头顶小鹿的角，增添了几分聪明与灵动。这一独特形象吸引了大量观众，即使是对金融一窍不通的人，也能通过"蔚蓝小鹿"的内容了解到许多金融知识和技巧，从而迅速获得了广泛关注。

### 2. 创作反常识的创意图片内容

根据社交内容的方向，利用AI生成前所未有的图片内容。比如小美，作为外企的HR，她通过多年的学习积累了丰富的人事专业知识，并将其整理成课程。为了在社交媒体上吸引潜在学员，她在小红书上开设了一个账号，将人事方面的知识以图文形式呈现，并为这些内容设计了引人入胜的故事情节。通过AI生成的连环画般的HR课程图片，小美成功吸引了观众的注意，并很快建立起了专业课程的信任度。这种故事+AI生成图片知识的形式，不仅让小美的内容独具一格，还帮助她构建起了内容的壁垒。

### 3. 利用 AI 进行精准的数据分析与内容优化

借助AI工具进行数据分析，个人创作者能更深入地了解受众的需求和偏好，从而优化内容策略，提升内容的吸引力和互动率。例如，美食博主小李利用AI分析工具详细剖析了社交媒体账号的观众数据。通过分析观众的地理位置、年龄、兴趣和互动行为，他发现观众对健康饮食和快速食谱颇有兴趣。因此，小李利用AI生成了专注于健康和易制作食谱的内容，并通过AI工具优化了发布时机和内容形式，从而提高了内容的曝光率和互动率，迅速吸引了更多关注。

### 4. 借助 AI 实现个性化的内容推荐

通过AI推荐系统，个人创作者可以提供精准的个性化内容推送，从而增强用户黏性和参与度。时尚博主小张利用AI推荐系统为每位用户提供个性化的时尚搭配建议。基于用户的浏览历史、点赞记录和购物偏好，AI能够实时推荐符合用户口味的时尚内容和产品。这种个性化的推荐方式不仅让用户看到感兴趣的内容，还促进了用户的购买行为，提升了用户的满意度和忠诚度。

### 5. 利用 AI 增强直播的互动性和用户体验

通过AI技术，我们可以增强直播的互动性和用户体验，从而提高观众的参与度和忠诚度，促进粉丝转化和商业变现。例如，健身教练小王利用AI增强直播互动，为观众提供个性化的健身指导。在直播中，他使用AI聊天机器人回答观众提问，并根据反馈调整直播内容。同时，利用AI技术进行实时体态分析，帮助观众纠正健身动作，预防运动损伤。这种高互动性和个性化的直播方式吸引了大量观众，并促进了付费会员的增长和课程销售的提升。

这些切入点充分展示了AI在自媒体创作中的广泛应用和巨大潜力。通过塑造个性化主播、创作反常识的创意图片内容、利用AI进行精准的数据分析与内容优化、实现个性化的内容推荐以及增强直播的互动性和用户体验，个人创作者能够在竞争激烈的自媒体领域中脱颖而出，更高效地扩大影响力并增强与受众的连接。

# 后 记

写到这里,我们即将告别。在本书中,我们深入探索了AI如何彻底改变社交内容的各个方面。从颠覆传统内容制作方式,到重新诠释自媒体与品牌营销,AI技术在提升创作效率、优化社交互动方面展示了惊人的潜能。通过全面了解和运用这些AI工具与方法,个人创作者和品牌均能更高效地扩大影响力,加深与受众的联系,从而在竞争激烈的数字媒体世界中脱颖而出。AI不仅代表着未来内容创作的核心动力,更是实现个性化和精细化营销的关键所在。我们希望,本书能为读者提供实用的指南,助您在AI时代抓住新机遇,创造更多价值。

现在,让我们一同回顾本书的丰富收获。

在第1章,我们阐释了AI如何颠覆传统内容生产方式,以通俗易懂的方式介绍了AI的基本概念及其在视频、文字、图片和声音内容生产中的广泛应用。

第2章深入剖析了社交内容重塑背后的崭新机遇。我们分析了社交媒体的发展与AI算法推荐的影响,回顾了其历史与现状,并探讨了AI推荐算法如何改变用户的内容消费习惯。最后,我们定义了AI生成的社交内容,并探讨了AI在重塑自媒体商业价值及机遇方面的作用,包括在内容创作、营销和教育培训中的应用。

第3章详细指导了如何利用AI进行自媒体创作,提供了五个关键步骤——AI内容创作的黄金五步:账号策划、账号定位、选题(采用"AI关键词组建"选题法)、内容制作和内容上传。我们对每个步骤中的关键环节都进行了AI赋能的讲解。

第4章介绍了利用AI策划成功账号方案的方法论。我们阐述了AI策划自媒体账号的基本流程,并重点介绍了自媒体账号定位模型。通过确定内容目标、分析市场赛道和了解目标受众兴趣点,再结合自媒体账号的独特优势,我们确定了账号自身的关键词,并将其应用于具体的内容策划中。

第5章,本书的核心章节之一,探讨了如何利用AI制作虚拟IP形象。我们讨论了生成虚拟IP形象的方法和影响,展望了其未来潜力,并提供了创建虚拟IP形象的详细步骤和提示词模板。此外,我们还介绍了如何让生成的形象更加逼真,以及如何为不同视频场景生成合适的形象。最后,我们分享了让虚拟形象动态化的方法和为其克隆独特音色的技巧。

在第6章,我们实操演示了利用AI提高爆文率的方法——AI关键词组建法,并提供了六大常用脚本模型及提示词模板,包括HERO模板、带货脚本模板、故事叙述法模板、问题解决法模板、倒叙法模板和情感驱动法模板。我们手把手地指导了如何生成脚本。

第7章讲解了如何利用AI生成视频。我们展示了如何利用AI工具生成小段视频(精准画面)和根据脚本生成视频素材的过程。同时,我们也提供了提示词模板,并进行了长视频生成的操作演示。

在第8章,聚焦于内容上传环节。我们强调了利用AI制作爆文标题和封面的重要性,并介绍了"爆款标题AI五步优化法"和五大常用标题模型供日常优化标题使用。此外,我们还分析了爆款封面所具备的条件和制作技巧。

最后，在第9章，我们探讨了学会AI社交内容后如何结合品牌和个人应用来加速成长。我们分析了品牌利用AI社交内容的切入点，并给出了"社交营销大模型"。同时，我们也为个人如何利用AI自媒体提升影响力提供了可行的切入点和案例解析。

本书深入探索了AI在社交媒体内容创作中的巨大潜力和实践应用。通过生动的案例，我们展示了利用AI提升社交内容质量和效果的现实可能性。无论你是个人创作者还是品牌企业，只要能把握住这个机会，利用AI优化内容策略，就能在激烈的竞争中脱颖而出，赢得更多关注和认可。这不仅是技术的革新，更是一场内容革命的序幕，为每一个勇于尝试的人展现了无限的可能性。

感谢你一路的陪伴和阅读。希望本书能为你提供实用的指导，并激发你对AI在社交内容创作中应用的兴趣和灵感。这也是笔者撰写这本书的初衷。期待你能将书中所学付诸实践，在AI的时代里创造属于你自己的辉煌。再次感谢你的阅读与支持！